Ewald Hetrodt
Günther Beckstein, Die Biografie

Ewald Hetrodt

Günther Beckstein

Die Biografie

johannis

Bibliografische Information der Deutschen Nationalbibliothek
Die Deutsche Nationalbibliothek verzeichnet diese Publikation in der
Deutschen Nationalbibliografie; detaillierte bibliografische Daten
sind im Internet über http://dnb.d-nb.de abrufbar.

ISBN 978-3-501-05185-6
Bestell-Nr. 05 185
© 2008 by Verlag der St.-Johannis-Druckerei, Lahr/Schwarzwald
Umschlagbild: Foto David Hecker/ddp
Gesamtherstellung: St.-Johannis-Druckerei, Lahr/Schwarzwald
Printed in Germany 16984/2008

www.johannis-verlag.de

Inhalt

Ein Franke, ein Protestant!

»Manche Oberbayern platzen ja geradezu vor Selbstbewusstsein!« Für diese Feststellung erntet Günther Beckstein an einem regnerischen Sommertag im Juni 2006 zustimmendes Lachen und herzlichen Applaus. Die Festversammlung, die unter der Aschaffenburger Ebertbrücke zusammengekommen ist, um den ersten Spatenstich für deren vierspurigen Ausbau zu feiern, hört so etwas gern. Denn hier sind die Oberbayern eher unbeliebt. Hier ist Unterfranken. »München ist weit«, sagt man am Untermain, und das klingt oft genug nicht wie ein Seufzer, sondern sehr distanziert. Tatsächlich ist die Landeshauptstadt 350 Kilometer entfernt. Bis zur hessischen Grenze sind es nur zehn, bis nach Frankfurt 50 Kilometer. Die Menschen im nordwestlichen Zipfel des Freistaats wissen die speziellen geografischen Gegebenheiten zu nutzen. Höchst erfolgreich verbinden sie ihre Ansprüche an die eigene Regierung mit den ökonomischen Chancen der Nähe zu Frankfurt und seinem Flughafen.

Den Oberfranken hingegen macht die Randlage an den Grenzen zu Thüringen, Sachsen und Tschechien zu schaffen. Mittelfranken liegt schon etwas weiter im Süden. Es wird von dem Dreieck zwischen den Städten Nürnberg, Fürth und Erlangen dominiert. Unternehmen wie Quelle, Hutschenreuther, Fichtel & Sachs, Adidas und Grundig wirkten hier nach dem Zweiten Weltkrieg am deutschen Wirtschaftswunder mit – nachdem kurz vor der Jahrhundertwende in Fürth ein gewisser Ludwig Erhard zur Welt gekommen war.

»Trotz gegen München« hat der Professor für Landes- und Volkskunde an der Universität Erlangen, Hartmut Heller, als verbindendes Element aller Franken ausgemacht. Die Ursachen dafür liegen zum einen in der großen Entfernung zur Landeshauptstadt, zum anderen in der Tatsache, dass der Norden des Freistaats zu Beginn des 19. Jahrhunderts annektiert wurde. Etwa ein Drittel der insgesamt 12,4 Millionen Einwohner Bayerns sind Franken. Knapp drei Millionen sind Protestanten. Beckstein verkörpert beide Minderheiten. Mit ihm hat zum ersten Mal seit der Gründung des Freistaats im Jahr 1946 jemand aus ihren Reihen den langen Weg in die Staatskanzlei bewältigt. Als Franke versicherte er nach seiner Wahl im Oktober 2007, der Ministerpräsident aller Volksstämme des Freistaats zu sein. Und als Protestant machte er eilig dem oberbayerischen Papst im Vatikan seine Aufwartung. Doch ist er weit davon entfernt, seine Herkunft zu verleugnen. Bei seinem Einzug in das Büro der Staatskanzlei ersetzte der Nürnberger die Büste von Franz Josef Strauß durch eine Statue des Heiligen Antonius. Als fränkischer Protestant lehne er Personenkult ab, erklärte er mit einem verschmitzten Lächeln. Tatsächlich war das Verhältnis zwischen dem jungen Protestanten aus Nürnberg und dem Patriarchen der bayerischen Politik gestört.

Mit dem evangelischen Landesbischof Johannes Friedrich hingegen versteht Beckstein sich gut. Dennoch sagte er ihm bei einem privaten Treffen kurz vor Weihnachten 2007: »Ich habe Sie immer besser behandelt als Sie mich.« Die scharfe Kritik, die er in seiner Kirche immer wieder erfuhr, hat ihre Spuren hinterlassen. Gleichzeitig hat Beckstein in den großen Auseinandersetzungen, die in den letzten zwei Jahrzehnten tief in die deutsche Gesellschaft hineinreichten, ein unverkennbares Profil entwickelt. Über 14 Jahre hinweg, länger als jeder andere europäische Innenminister, hat er sich mit dem Asylrecht, der Ausländerpolitik sowie der Bekämpfung von Kriminalität und internationalem Terrorismus auseinandergesetzt. Daneben hat er in seiner Laufbahn schwere Niederlagen und herbe Enttäuschungen erlitten. Nachdem er mehr als drei Jahrzehnte lang die Politik in Nürnberg, München, Bonn und Berlin mitbestimmt hat, steht der Vierundsechzigjährige jetzt an der Spitze des Freistaates. Noch nie hat in Deutschland ein Ministerpräsident regiert, der bei der Übernahme des Amtes über eine solche Fülle von politischen und menschlichen Erfahrungen verfügte.

Schüchterne Anfänge

Wohl kein anderer Innenminister ist mit Katastrophenschutz und Kriminellen so frühzeitig und regelmäßig konfrontiert worden wie Günther Beckstein. In der Volksschule Hersbruck befanden sich nämlich nicht nur Klassenräume. Hier waren auch die beiden Löschfahrzeuge der Freiwilligen Feuerwehr untergebracht. Eine noch größere Faszination ging allerdings von dem Gefängnis aus, das sich in einem Flügel des gegenüberliegenden Renaissanceschlosses befand. In der Pause bot sich den Jungen die Chance, hinter den Gittern die Sträflinge zu erspähen und ihnen aus sicherer Entfernung so lange die übelsten Schimpfworte zuzurufen, bis sie aus vollem Halse zurückbrüllten.

Günther Beckstein, geboren am 23. November 1943, zählte zu den Kleinsten in der Klasse. Da traf es sich gut, dass in seiner Nachbarschaft der hoch gewachsene und kräftige Daniel wohnte. Jahrelang ging das ungleiche Paar gemeinsam den Schulweg durch die mittelalterlichen Gassen, vorbei an den malerischen Fachwerkhäusern bis zum Schlossplatz im Herzen von Hersbruck. Hier, etwa dreißig Kilometer nordöstlich von Nürnberg, wohnten die Becksteins am Hang des Michelsberges in dem Wochenendhaus eines Nürnberger Geschäftsmanns zur Miete. Es lag an der Gartenstraße, nur ein paar hundert Meter entfernt von dem Domizil der Familie Schickedanz, die es mit ihrem Versandhandel zu großem Wohlstand gebracht hatte. Von hier aus bot sich ein schöner Blick auf die Stadt. Gestört wurde die Idylle nur durch den Lärm der ganz in der Nähe vorbeifahrenden Züge.

Rollentausch im Elternhaus

Becksteins Mutter Charlotte zählte Ende der Zwanzigerjahre zu den ersten Studentinnen der Universität Erlangen. Sie wurde

Lehrerin für Englisch und Französisch. Ihr Mann Julius, Doktor der Philosophie, unterrichtete ebenfalls Fremdsprachen, Deutsch, Geschichte und Stenografie. 1935 zogen die beiden nach Bremen, weil Vater Beckstein dort die Leitung eines Gymnasiums übernehmen konnte – mit 34 Jahren als jüngster Direktor Deutschlands. 1941 kehrte die Familie mit Hellmut, dem Ältesten, und der kleinen Hildegund zurück nach Bayern. Julius Beckstein leitete zunächst die Oberrealschule in Hersbruck, wurde aber im April 1943 als Direktor an das von den Nationalsozialisten in ein »Deutsches Schulheim« umfunktionierte Gymnasium im Benediktinerkloster Ettal versetzt. Im Oktober 1944 musste er nach einer kurzen Ausbildung als Soldat an die Ostfront. Als im Frühjahr 1945 sein Vater starb, bekam er Heimaturlaub. Die Rückkehr an die Front erübrigte sich.

Nach dem Krieg wurde Charlotte Beckstein als Lehrerin in Hersbruck eingestellt, denn unbelastete Pädagogen waren knapp. Als Julius Beckstein aus der amerikanischen Gefangenschaft entlassen und als Mitläufer eingestuft wurde, hatte er die Hoffnung, die Stelle seiner Frau antreten und so die traditionellen Familienverhältnisse wiederherstellen zu können. Doch dies verhinderte Alois Hundhammer, Mitbegründer der CSU und bayerischer Kultusminister. Er meinte, dass ein Protestant, der im Dritten Reich Schuldirektor in Ettal gewesen sei, sich als überzeugter Nationalsozialist erwiesen habe und nicht mehr für den Staatsdienst zugelassen werden könne. So brachte weiterhin die Mutter die Familie durch.

Kaputte Schuhe, abgetragene Kleidung, halbgare Speisen und kaum Spielsachen – die üblichen Entbehrungen der Nachkriegszeit ertrugen die Geschwister, weil sie es ja aufgrund ihres Alters nicht besser gewohnt waren. Immerhin gehörte zu dem Haus am Michelsberg auch ein großer Garten, in dem nicht nur Apfelbäume standen, sondern auch ein Hasenstall. So ließ sich der Hunger wenigstens hin und wieder gründlich stillen. Julius Beckstein bemühte sich trotz der ungewohnten Rollenverteilung in der Familie um Normalität. Er engagierte sich im Vorstand des Stenografenvereins Hersbruck und gab Kurse. An seinem 50. Geburtstag, kurz nach Hundhammers Ausscheiden aus dem Kultusministerium, erhielt er die Wiederzulassung zum Schuldienst. Im Herbst 1951 trat er in Nürnberg eine Stelle als Gymnasiallehrer an. Seine Frau konnte sich nun wieder ganz um die Familie kümmern.

Auch wenn die fünf Jahre während Berufstätigkeit der Mutter von allen als eine Belastung empfunden wurde, bezeichnet Hellmut Beckstein die Kindheit im Rückblick als »insgesamt unbeschwert«. Den sechs Jahre jüngeren Bruder lässt er mitmachen, wenn er mit seinen Freunden Völkerball spielt. Manchmal bewerfen sie sich auch mit Fallobst. Auf dem Michelsberg und im Hammerbachtal lernen die Jungen Skifahren. Im Sommer gehen sie in das Freibad an der Pegnitz, obwohl das Wasser eiskalt ist. Besonderen Ehrgeiz entwickelt Günther beim Fußballspielen. Er steht am liebsten im Tor und stürzt sich furchtlos und mit roten Bäckchen ins Getümmel. Dabei muss er die Turnhose auftragen, die für seine Schwester Hildegund zu klein geworden ist und auch an den Beinen Gummibündchen hat. Später wird er sich darüber mokieren, dass sein Bruder versucht habe, an seiner Erziehung mitzuwirken. Über solches Leid hat sich vor ihm schon der frühere Ministerpräsident von Rheinland-Pfalz und Thüringen, Bernhard Vogel (CDU), beklagt. Ihm hat man die Geschichte geglaubt.

In der Volksschule Hersbruck herrschten strenge Sitten. Wollte der Lehrer Friedrich Dietz einen Schüler bestrafen, so nahm er dessen Kopf zwischen seine Knie und traktierte das Hinterteil dann mit einem Stöckchen, das er von einem Haselnussstrauch abgeschnitten hatte. Allerdings kümmerte er sich auch im Guten um die ihm anvertrauten Kinder. Als er im vierten Schuljahr fragte, wer auf die Oberrealschule gehen wolle, um später das Abitur zu machen, meldete sich auch Günther Beckstein. Lehrer Dietz bereitete seine Zöglinge so sorgfältig auf die

Aufnahmeprüfung vor, dass sie alle durchkamen. Günther Beckstein hatte vor allem Einser und Zweier. Damit blieb er allerdings etwas hinter Hildegund zurück. Sie war über Jahre hinweg die Klassenbeste, erhielt später ein Stipendium für Hochbegabte und wurde Lehrerin. Hellmut Beckstein ist als Ingenieur in der Elektrobranche tätig.

Politische Entdeckung

Als die Becksteins 1954 nach Nürnberg zogen, wechselte Günther auf das heute nach dem Nobelpreisträger Richard Willstätter benannte Realgymnasium. Dort traf er auf Sieghard Rost. Der Lehrer, mit dem er später gemeinsam im Maximilianeum sitzen sollte, wurde sein Mentor. Er habe viel dazu beigetragen, dass aus »einem sehr zurückhaltenden, eher schüchternen jungen Menschen« ein selbstständig denkender Demokrat mit Freude an der Diskussion geworden sei, sagt Beckstein. Doch bevor diese erfreuliche Entwicklung einsetzte, zog er sich den Ärger des Lehrers und eine handfeste Strafe zu.

Rost hatte die Angewohnheit, seine Tasche während des Unterrichts auf der ersten Sitzbank abzulegen und durch die Reihen zu gehen, um auf diese Weise eine größere Aufmerksamkeit zu erreichen. Als er sich im hinteren Teil des Klassenraums befand und Beckstein sich unbeobachtet wähnte, fischte er das Notenbüchlein aus der Tasche und studierte die dort eingetragenen mündlichen Zensuren. Rost erwischte ihn und überließ ihm die Wahl, die Backpfeife auf der Stelle oder von seinem Vater entgegenzunehmen. Die Antwort ließ nicht lange auf sich warten: »Lieber von Ihnen eine Watsch'n als vom Vater. Die fällt schlimmer aus.«

Becksteins Lieblingsfächer waren ursprünglich Mathematik und Deutsch. Aber Rost, Vertriebener aus Ostpommern und promovierter Historiker, brachte ihm auch andere Disziplinen nahe.

Er betrachtete neben der Aussöhnung mit Polen auch die Wiedervereinigung als politische Aufgabe. Um seinen Schülern konkrete Eindrücke von dem »Leben in der kommunistischen Diktatur« zu vermitteln, organisierte er neben dem üblichen Unterricht Reisen in den Ostblock und Schülerbegegnungen. Wegen der Widrigkeiten des Kalten Krieges blieb es allerdings manchmal bei den Vorbereitungstreffen. An zwei Seminaren in der Politischen Akademie Tutzing und in Rheinbach bei Bonn nahm auch Beckstein teil. Dass der moderne Pädagoge dabei sein politisches Interesse geweckt hatte, erwies sich in einer schriftlichen Arbeit, die Beckstein kurz vor dem Abitur ablieferte.

Auf vier mit der Schreibmaschine getippten Seiten, die in Rosts Unterlagen fast ein halbes Jahrhundert überdauerten, wertet der Oberprimaner eine Umfrage aus, die seine Klasse unter 916 Nürnberger Schülern im Alter von 15 bis 20 Jahren durchgeführt hat. Beckstein umschreibt die Fragestellung mit den Worten: »Sind die jungen Leute von heute noch willige Untertanen, oder verfolgen sie argwöhnisch, wie sie regiert werden? Wir wollten wissen, ob die Jugendlichen Politik als das schmutzige Geschäft der Großkopfeten ansehen, um das sich ein echter Kerl nicht kümmert.«

Beckstein hält Helmut Schelskys Opus »Die skeptische Generation« die These der »Konsumentenpassivität« entgegen. Der Achtzehnjährige meint, die Jugend sei nicht im Sinne aktiver Beobachtung skeptisch, sondern nur bequem. Viele verfolgten das politische Geschehen distanziert. Die aktive Teilnahme sei sehr selten. »Den Kommentar im Funk oder in der Zeitung verfolgt man; aber sich selbst einen Standpunkt auf Grund neutraler Berichterstattung zu erarbeiten, ist weit weniger gefragt. Freilich ist Freiheit ein hohes Ideal, ebenfalls die Wiedervereinigung ist ein lohnendes Ziel – denn sie liegt in unerreichbarer Ferne, und das Bekenntnis, ein wiedervereinigtes Deutschland zu ersehnen, kostet nichts. Aber wo es hart auf hart geht – in Westberlin – wo jeder Einzelne gefordert ist – sei es mit 5 DM für die Fernsehlotterie »Berliner Kinder« oder mit einem Aufenthalt in Berlin – wo vom Einzelnen verlangt würde mitzuarbeiten, da zieht sich die scheinbar skeptische Generation zurück.« Beckstein beklagt, dass nur ein sehr kleiner Prozentsatz der Jugendlichen aktiv am politischen Leben teilnehme. Er erkennt in ihnen »eine müde Generation, die bereit ist, sich etwas in guter Aufmachung Angebotenes willig anzuhören«. So sei sie »ein Abbild der Welt der Erwachsenen«. Eine Note hat Beckstein für die Arbeit nicht bekommen. Im Großen und Ganzen war er aber ein guter Schüler. Im letzten Jahr vor dem Abitur habe er »doch mal gearbeitet«, erinnert er sich. Am Ende erreichte er einen Durchschnitt von 1,8.

Sein eigentliches Interesse aber gilt seit der Vorbereitung auf die Konfirmation dem Christlichen Verein Junger Männer (CVJM) in der Gemeinde Nürnberg-Lichtenhof. Der zurückhaltende Junge übernimmt kleine Führungsaufgaben, die sein Selbstbewusstsein stärken. Er leitet Gruppen der Jungschar und trägt alten Frauen die Kohlen in die vierte Etage. Er ist an Freizeitprogrammen beteiligt und organisiert Abende, wie sie in zahllosen Jugendorganisationen regelmäßig stattfinden. Schließlich wird Beckstein Leiter des Bezirkskonvents der Evangelischen Jugend und lässt sich in den Landesjugendkonvent entsenden. Besonders beeindruckt ihn die intellektuelle Auseinandersetzung mit den Glaubensinhalten. Der Gymnasiast gestaltet Bibelabende und lässt sich durch Predigten und Vorträge inspirieren. Kurz vor dem Abitur erwägt er, Theologie zu studieren. Doch er befürchtet, dass dies seinen »kindlichen Glauben« verändern würde, und lässt es bleiben.

Trotzdem prägt ihn das Leben in der Kirche nachhaltig – und es beschert ihm Marga. Die beiden begegnen sich 1971 im Kirchenvorstand von Lichtenhof. Die Sechsundzwanzigjährige hat an der Pädagogischen Hochschule in Nürnberg studiert und ist Volksschullehrerin. Auch sie ist in der Kirche engagiert. Mit einer gewissen Bewunderung nennt sie den linksorientierten Studentenpfarrer und späteren Landesbischof Hermann von Loewenich, »den roten Löwen«. Im Kirchenvorstand vertritt sie die weibliche Jugend, »die nicht fromm war«, wie Beckstein anmerkt.

Marga

So ist die junge Dame beispielsweise für die Frauenordination eingetreten. Später hat sie am Pfarrerinnengesetz der Synode mitgearbeitet. Weil Beckstein von dem eher konservativen CVJM entsandt ist, bleiben Kontroversen nicht aus. Gelegentlich ziehen sie sich so sehr in die Länge, dass die beiden ermahnt werden, ihren Streit doch bitteschön woanders auszutragen. So ergeben sich lange Abende zu zweit in der Pizzeria. Als der Kirchenvorstand eines Tages außerhalb der Stadt zu einer Klausurtagung zusammenkommen soll, hat Marga gerade einen Autounfall gehabt. Beckstein bietet ihr an, sie in seinem Lloyd Alexander mitzunehmen – und bekommt seine Chance. Im November 1973 wird in der Gustav-Adolf-Kirche geheiratet: sie im langen weißen Kleid, er mit Elvis-Tolle.

Ihre erste Wohnung haben die beiden im Nürnberger Stadtteil Johannis. Die drei Kinder, Ruth, Frank und Martin, werden in erster Linie von ihrer Mutter erzogen. Als der Vater fragt, ob sie ihren Beruf nicht aufgeben wolle, macht sie zur Bedingung, dass er dann abends gegen sechs Uhr zu Hause sein müsse. So akzeptiert Beckstein, dass auch seine Frau an ihrem Beruf festhält. Heute ist sie als Seminarleiterin damit beschäftigt, angehende Grundschullehrer auf den Ernst des Berufslebens vorzubereiten. Ihre Arbeit hat sie seit dem ersten Kind für nur insgesamt zwei Jahre unterbrochen. Manche Parteifreunde rümpfen die Nase. Das Gerücht, Frau Beckstein gehöre der SPD an, hält sich lange, weil es nur dann kolportiert wird, wenn keiner von beiden dabei ist. Aber gelegentlich fragt man sie immerhin, warum Marga denn noch berufstätig sein müsse, da er doch als Anwalt und Abgeordneter allein schon über zwei Einkommen verfüge.

Der Weg ins Berufsleben führt über ein Jurastudium an den Universitäten Erlangen-Nürnberg und München, das Beckstein geradezu mit Begeisterung absolviert. Ein Auslandssemester verbringt er in London. 1966 besteht er die erste juristische Staatsprüfung mit dem Prädikat »gut«. Nach dem Referendardienst am Oberlandesgericht in Nürnberg absolviert er 1970 mit der unter den Juristen als Prädikat geltenden Note »voll befriedigend« auch das Zweite Staatsexamen. Stoiber hatte nur eine 3,0 geschafft. Ein Jahr später steigt Beckstein in eine Kanzlei ein, deren Inhaberin wegen ihrer hart gesottenen Klientel entweder »Ganoven-Gabi« oder »Revolver Lehmann« genannt wird. Revisionen in Strafsachen sind seine Spezialität.

1975 legt er seine rechtswissenschaftliche Dissertation vor. Auf 274 Seiten beschäftigt er sich mit dem Konflikt zwischen dem Gewissen des Individuums und der staatlichen Norm. Der Einzelne muss sich an das Gesetz halten, schreibt Beckstein, auch wenn er es für falsch hält. Allerdings sind ihm mildernde Umstände zuzubilligen, wenn die Not des Gewissens ihn zur Tat verleitet hat. Am Ende fordert Beckstein den modernen demokratischen Staat auf, in solchen Fällen von reinen Zweckmäßigkeitslösungen abzusehen. Die von ihm zitierte Warnung Schillers aus Maria Stuart könnte auch an einen Innenminister gerichtet sein: »Misstraut Euch, edler Lord, dass nicht der Nutzen des Staates Euch als Gerechtigkeit erscheine.«

Mit Ehrgeiz nach München

Auch wenn sich die Studentenunruhen des Jahres 1968 in Mittelfranken relativ bescheiden ausnahmen, gingen die Debatten an dem jungen Beckstein nicht vorbei. Er registrierte, dass der Bruder seiner Freundin dem Sozialistischen Deutschen Studentenbund angehörte, und beschloss nach nächtelangen Diskussionen über Marx und Marcuse, einer »staatstragenden« Partei beizutreten. Von der CSU fühlte sich der junge Christ besonders angesprochen. Als deren intellektueller Kopf in Nürnberg galt Oscar Schneider. Er war in den Sechzigerjahren Vorsitzender der Stadtratsfraktion, seit 1969 Bundestagsabgeordneter und sollte 1982 zum Bundesbauminister im Kabinett Helmut Kohls aufsteigen. In München wurden die Nürnberger vor allem von dem langjährigen Sozialminister Fritz Pirkl vertreten. Hinzu kam Karl Schäfer, Bezirksvorsitzender, Landtagsabgeordneter und Leiter der Geschäftsstelle. Er hatte jedenfalls im alltäglichen Geschäft das Sagen. Dieses Triumvirat erwies sich als überaus stabil, weil die drei sich angesichts ihrer Schwerpunkte in Bonn, München und Nürnberg nicht in die Quere kamen. Erstaunlich war ihre Dominanz trotzdem. Denn keiner von ihnen stammte aus Nürnberg, und sie alle gehörten der katholischen Kirche an, während die Stadt und ihre Wählerschaft evangelisch geprägt waren.

Darum war es plausibel, dass die CSU sich bei der Landtagswahl des Jahres 1970 dem Wahlvolk gern auch mit einem jungen Protestanten präsentieren wollte. Allerdings durfte es ihm nichts ausmachen, am Ende zu verlieren. Als »Verzichtskandidat« wurde der sechsundzwanzigjährige Kreisvorsitzende der Jungen Union, Günther Beckstein, in Abwesenheit auf den aussichtslosen Platz 8 der Bezirksliste gesetzt. Per Telegramm erfuhr er beim Camping auf Sylt von seinem Glück. Schon wenig später startete er seine erste Initiative: Der Kandidat schlug vor, die

Schulhöfe und -sportplätze in den Ferien für Kinder zu öffnen. Er dachte dabei vor allem an die Stadtteile, in denen sich die Jugendlichen nur auf Hinterhöfen und auf der Straße austoben könnten. Ein Flugblatt war in der Form eines Steckbriefs gehalten: »Landtagskandidat der CSU-Jungen Union sucht: 30 000 Stimmen. Belohnung: Ein junger, dynamischer Landtagsabgeordneter für Nürnberg«. In dem Wahlprospekt der CSU wurde Beckstein als Rechtsreferendar, Doktorand, Zweiter Vorsitzender des CVJM Nürnberg-Lichtenhof und Vertreter der Jungen Union präsentiert. »Im Landtag wird er sich besonders den Themen Hochschule und Hochschulreform sowie der Gesellschafts- und Jugendpolitik widmen«, hieß es dort. »Geben Sie diesem strebsamen Vertreter der Jungen Generation eine Chance!« Unterstützt von einem schlagkräftigen Team der Jungen Union, machte Beckstein mit einem unerwartet erfolgreichen Wahlkampf auf sich aufmerksam. Den von vornherein für unmöglich erachteten Einzug in den Landtag verfehlte er nur knapp. Mit diesem unübersehbaren Achtungserfolg hatte der Sechsundzwanzigjährige sich den Respekt der Altvorderen verschafft und den Grundstein für seine Parteikarriere gelegt.

Von Polizisten weggetragen

Ein Jahr später geriet er allerdings mit der Staatsmacht in Konflikt. Zum zehnten Jahrestag des Mauerbaus in Berlin hatte die Junge Union auf dem Nürnberger Hauptmarkt als eine Art Mahnmal eine Mauer aus Kalksandsteinen errichtet, die der von der SPD geführten Stadtverwaltung ein Dorn im Auge war. Um den Abriss zu verhindern, wollten die Mitglieder der Jungen Union ihre Mauer mit einer Sitzblockade schützen. Doch schon nach relativ kurzer Zeit bereitete die Polizei der Demonstration ein Ende. Beckstein wurde von den Beamten weggetragen. Diese konnten nicht ahnen, dass der Provokateur eines Tages ihr oberster Dienstherr werden sollte. Im März 1973 wurde Beckstein zum Bezirksvorsitzenden der Jungen Union Nürnberg/Fürth gewählt. Spätestens von diesem Moment an war ihm ein sicherer Listenplatz bei den nächsten Landtagswahlen nicht mehr zu nehmen. Er kündigte an, sich verstärkt um die Anliegen von Schülern und Lehrern kümmern zu wollen. Außerdem wollte er das Verhältnis zur Mutterpartei verbessern. Das Amt verlieh ihm eine gewisse Prominenz, wie man der Zeitung entnehmen konnte. Dort wurde eine Pressemitteilung wiedergegeben, in der Beckstein ankündigte, seinen Urlaub in Sibirien und Mittelasien zu verbringen, um »außer einer herrlichen Landschaft auch die Vorteile und Fehler einer anderen Gesellschaftsordnung zu sehen«.

»Zwischen der CSU in Nürnberg und ihrer Nachwuchsorganisation, der Jungen Union, ist es zu ernsten Verstimmungen gekommen«, meldeten die *Nürnberger Nachrichten* im November 1974. Hinter der vornehmen Formulierung verbarg sich ein trivialer Konflikt, der sich noch am Abend der Landtagswahl entlud. Die Mitglieder der Jungen Union durften nicht an der Siegesfeier in der Geschäftsstelle teilnehmen. Die Jungen hätten ausschließlich für Beckstein Wahlkampf gemacht, lautete der Vorwurf der Alten. Doch der Bezirksvorsitzende der JU wiegelte ab. Gegenüber der Presse sprach Beckstein, schon ganz der abgeklärte Berufspolitiker, von einem »unerfreulichen und denkbar unglücklichen Vorfall«, der aber wohl kaum zu einer größeren Konfrontation führen werde. Im Übrigen freute er sich darüber, dass er nun über die Liste des Bezirks Mittelfranken ins Münchner Maximilianeum einzog.

Dort fiel der Franke zunächst dadurch auf, dass er zu den Sitzungen des Ausschusses für Verfassungs-, Rechts- und Kommunalfragen mit einem Stoß Akten unter dem Arm regelmäßig zu spät kam. Beckstein hatte viel zu tun, denn er setzte seine Arbeit in der Kanzlei neben dem Mandat fort und pendelte auch während der Woche zwischen Nürnberg und München. Dort war die Gebietsreform das alles beherrschende Thema. Zunächst wurde Beckstein von seiner Fraktion mit der Berichterstattung für Mittelfranken betraut. Später war er für ganz Bayern zuständig. Er machte seine Sache so gut, dass die Altvorderen ihn zu seiner Überraschung schon am Anfang der zweiten Wahlperiode im Jahr 1978 zum Vorsitzenden des hochkarätig besetzten Sicherheitsausschusses wählten. Dieses Gremium kontrollierte beispielsweise die Arbeit des Verfassungsschutzes und war so klein, dass den Grünen kein Sitz zufiel. Weil die Sitzungen nicht öffentlich waren, konnten die Vertreter von CSU und SPD hier ohne jedes Lavieren und Taktieren offen über alle anstehenden Fragen reden und sich dabei ein zuverlässiges Bild voneinander machen. Auch der spätere Justizminister Hermann Leeb saß in dem Ausschuss. Er berichtet, dass sein Parteifreund Beckstein manchmal eine unkonventionelle Art an den Tag gelegt habe und häufig zu Scherzen aufgelegt gewesen sei. Allerdings widerspricht er der gelegentlich in der Presse anzutreffenden Charakterisierung Becksteins als besonders liberaler CSU-Politiker – jedenfalls, was Fragen der inneren Sicherheit betraf.

Strauß' Wienerwald-Rede

Beckstein selbst sagt heute, er habe bis in die Anfänge der Achtzigerjahre innerhalb der CSU »eher als ein Linker« gegolten. Tatsächlich hat er entsprechende Positionen nicht vertreten. Allerdings gehörte er damals noch nicht zum so genannten Mainstream der Partei. Schon in der Nürnberger CSU sah Beckstein sich als Angehöriger einer Minderheit einem katholischen Establishment gegenüber. Es war auf der Landesebene noch massiver ausgeprägt. Der Anteil der Protestanten war in der CSU-Fraktion noch kleiner als in der bayerischen Bevölkerung. Das Bestreben, dieses Missverhältnis auszugleichen, hätte Beckstein zugute kommen können, wenn nicht 1978 der Parteivorsitzende Franz Josef Strauß von Alfons Goppel auch das Amt des Ministerpräsidenten übernommen hätte.

Der »Alpenkönig« und der junge Protestant aus Franken konnten nicht miteinander. Auch die Spiegel-Affäre und eine Reise nach Chile, bei der Strauß sich wohlwollend über die Militärdiktatur August Pinochets äußerte, verfehlten ihre Wirkung auf Beckstein nicht. Regelrecht alarmiert war er, als die Bundestagsabgeordneten der Partei im November 1976 bei ihrer Klausurtagung im Wildbad Kreuth den Beschluss fassten, die Fraktionsgemeinschaft mit der CDU nicht mehr fortzusetzen. Denn der Franke wusste nur zu gut, dass bei dem im Gegenzug angedrohten Einmarsch der CDU in den Freistaat vor allem die CSU in seiner Heimat viele Mandate verlieren würde. Als Bezirksvorsitzender der Jungen Union Nürnberg/Fürth unterstützte er daher die Forderung der JU Bayern, die Pläne auf einem Sonderparteitag zu erörtern. Auch er gehörte dem JU-Landesausschuss an, den Strauß in die Münchner Wienerwald-Zentrale eingeladen hatte, um ihn von dem Kreuther Beschluss zu überzeugen.

Dort wurde er Zeuge, wie Strauß' Enttäuschung über die Fortsetzung der sozial-liberalen Koalition sich in Tiraden gegen die CDU und Helmut Kohl entlud. Dieser hatte als Kanzlerkandidat wenige Wochen zuvor mit 48,6 Prozent der Stimmen ein grandioses Ergebnis eingefahren. Doch die von ihm angestrebte Koalition mit der FDP konnte er nicht bilden, weil die Liberalen an der Regierung unter dem Bundeskanzler Helmut Schmidt festhielten. Bis weit nach Mitternacht redete Strauß sich immer mehr in Rage. Die Opposition nannte er einen Faschingszug, die Führungsleute der CDU politische Pygmäen. Schließlich entfuhr ihm der Satz, der den größten Irrtum seines Lebens enthielt: »Herr Kohl, den ich nur im Wissen, den ich trotz meines Wissens um seine Unzulänglichkeit um des Friedens willen als Kanzlerkandidaten unterstützt habe, wird nie Kanzler werden. Er ist total unfähig, ihm fehlen die charakterlichen, die geistigen und die politischen Voraussetzungen. Ihm fehlt alles dafür.«

Den Zuhörern stockte der Atem, aber ihr Entsetzen steigerte sich noch, als sie später erfuhren, dass die Rede ihres Parteivorsitzenden heimlich auf einem Tonband mitgeschnitten worden war und vom *Spiegel* veröffentlicht werden sollte. Für CDU und CSU, deren Verhältnis ohnehin gerade auf einem historischen Tiefpunkt angelangt war, bedeutet dieser Vorgang eine zusätzliche Belastung – von der Häme des politischen Gegners und Kohls persönlicher Verletzung, zu der er sich noch knapp drei Jahrzehnte später in seinen Memoiren bekennt, ganz abgesehen. Beckstein nennt den heimlichen Mitschnitt und dessen Weitergabe noch heute eine »Sauerei«. Aber ihm und einigen anderen JU-Leuten passte damals nicht, wie Strauß mit diesem Debakel umging. Um herauszufinden, wer die Rede aufgenommen und dem *Spiegel* zugespielt hatte, sollte nämlich jeder Anwesende an Eides statt schriftlich versichern, es nicht gewesen zu sein. Am Ende haben alle unterschrieben.

Die Störungen in seinem Verhältnis zu Strauß brachten Beckstein gelegentlich Gespräche in der Staatskanzlei ein, deren Verlauf er später als »sehr einseitig« bezeichnete. So wurde er zum Beispiel einbestellt, nachdem er kritisiert hatte, dass die Winterreifen für die Polizeikräfte zur Sicherung der geplanten Wiederaufarbeitungsanlage in Wackersdorf erst im Sommer eingetroffen waren. Der Ministerpräsident betrachtete dies als Illoyalität gegenüber seinem Innenminister Karl Hillermeier. Erst nach Strauß' Tod sei er ins Kabinett berufen worden, sagt Beckstein selbst – und dies, obwohl ihn Gerold Tandler, der als Generalsekretär, Fraktionsvorsitzender und Staatsminister in den Siebziger- und Achtzigerjahren über erheblichen Einfluss auf Strauß verfügte, schon frühzeitig sehr geschätzt habe.

In Nürnberg entwickelten sich die Dinge in der ersten Wahlperiode als Abgeordneter nicht so, wie gewünscht. Als es im Sommer 1977 um die Nachfolge des Bezirksvorsitzenden Karl

Schäfer ging, schlug Rost seinen vierunddreißigjährigen Zögling als einen Kandidaten vor, der sich »im politischen wie im menschlichen Bereich in hohem Maße bewährt« habe. Doch der junge Mann aus dem Landtag unterlag dem fünfzig Jahre alten Oscar Schneider, der in Bonn inzwischen Vorsitzender des Bauausschusses geworden war, mit 41 gegen 50 Stimmen. Die Mehrheit der Partei konnte das inzwischen sehr ausgeprägte Selbstbewusstsein des jungen Protestanten zu diesem Zeitpunkt noch nicht nachvollziehen.

Kampf um das Nürnberger Rathaus

»Oscar, du trittst an.« Dies war der Wunsch des Parteichefs und Ministerpräsidenten Franz Josef Strauß. Tatsächlich wäre eine Kandidatur des Bundesbauministers Schneider um das Amt des Oberbürgermeisters von Nürnberg im Jahr 1987 plausibel gewesen. Als Angehöriger des Kabinetts Kohl genoss er einen höheren Bekanntheitsgrad als alle potenziellen Gegenkandidaten aus den Reihen der Sozialdemokraten. Außerdem war er nicht nur Bundestagsabgeordneter und in der Kommunalpolitik erfahren, sondern auch Bezirksvorsitzender. Doch dieses Amt bedeutete so etwas wie den Fürstenstand in der Partei, sodass Schneider den Wunsch des großen Vorsitzenden nicht als Befehl nehmen musste. 1987 werde er schon 60 Jahre alt sein, argumentierte er. Selbst im Falle einer Wahl bleibe ihm daher von Gesetzes wegen nur eine Amtsperiode. Dies lohne den Aufwand nicht.

Dabei schienen die Chancen für die CSU nicht so schlecht zu stehen wie in der Vergangenheit. Zwar hatten die Sozialdemokraten in der Nachkriegszeit ununterbrochen das Stadtoberhaupt gestellt. Doch der amtierende Oberbürgermeister Andreas Urschlechter, der seit 1957 fünf Direktwahlen gewonnen hatte, amtierte in seiner letzten Wahlperiode und hatte sich mit seinem Unterbezirk wegen »klassenkämpferischer Tendenzen«, wie er meinte, schon im Juli 1982 heillos zerstritten. Vor diesem Hintergrund erhoben sich zur Mitte der Achtzigerjahre innerhalb der Union ernstzunehmende Stimmen gegen jene Pessimisten, die von vornherein alle Anstrengungen für aussichtslos hielten. Vielen galt die rote Hochburg nun als sturmreif. Beckstein teilte diese Einschätzung und bemühte sich um die Kandidatur. Für einen Ausschussvorsitzenden des Landtages war dies eine interessante Herausforderung. Immerhin ging es um das höchste Amt der zweitgrößten Stadt im Freistaat.

Wegen der Querelen mit ihrer früheren Galionsfigur nominierten die Sozialdemokraten schon 1984 einen neuen Kandidaten für das Amt des Oberbürgermeisters, obwohl die Direktwahl erst Ende 1987 stattfinden sollte. Der fünfundvierzigjährige Nürnberger Peter Schönlein war seit zehn Jahren Chef der SPD-Fraktion im Rathaus und legte Wert darauf, dass er »als erster weiterer Stellvertreter bereits mehr als ein Jahr die Amtsgeschäfte des Stadtoberhauptes geführt« habe. Unbezwingbar war er nicht. Bald erwies sich, dass Beckstein in allen Lagern der CSU als Gegenkandidat unterstützt wurde. Im Parteiorgan »Nürnberger« forderten 40 Funktionäre der Jungen Union den Bezirksvorstand auf, »unverzüglich Dr. Beckstein zum OB-Kandidaten zu küren«. Doch auch der Fraktionsvorsitzende der CSU, Helmut Bühl, bekundete sein Interesse.

Im November findet im Hotel »Deutscher Hof« am Rande der Altstadt der Nominierungsparteitag statt. Der Bezirksvorsitzende Schneider stellt die beiden Kandidaten als Seniorpartner in angesehenen Anwaltskanzleien vor, die ihre politische Karriere in der Jungen Union begründet hätten. Bühl habe sich als kultur- und wirtschaftspolitischer Sprecher einen Namen gemacht und der CSU zu einem modernen Image verholfen, sagt er. Beckstein attestiert er Kompetenz und großes persönliches Ansehen. Den Werdegang von Bühl hören sich die Parteimitglieder geduldig an. Sein Gegenkandidat hingegen erntet schon Applaus und Bravorufe, als Schneider ihm zum eine knappe Woche zurückliegenden 41. Geburtstag gratuliert. Bühls Anhänger fordern, dass noch zwei weitere Redner für jeden Kandidaten auftreten sollen. Das Ansinnen scheitert aber an einem Antrag zur Geschäftsordnung: Wahl ohne weitere Aussprache. Die Urnen kreisen.

Sturmreife Hochburg

Nicht einmal eine Stunde nach dem Beginn der Versammlung steht das Ergebnis fest. Beckstein bekommt 239 von 282 abgegebenen Stimmen. Drei Stimmzettel sind ungültig. Auf einem steht der Name Schneider. Der strahlende Sieger verspricht, »alles zu bringen, was ich bringen kann«. Er geht einem Wahlkampf entgegen, der allein wegen seiner Dauer von drei Jahren viele Unwägbarkeiten birgt. Der Redakteur der linksliberalen *Nürnberger Nachrichten* sagt eine spannende Auseinandersetzung voraus. Die CSU, so meint er, »hat mit Günther Beckstein einen Juristen aufs Schild gehoben, dem nicht nur sie die Prädikate liberal und tolerant zuspricht«. Auch der Privatmann besitzt enorme Fähigkeiten – jedenfalls wenn man der Wahlwerbung glauben darf: »Sofern es die Terminhatz zulässt, geht er im Winter ausgesprochen gerne Ski fahren, und auch im Sommer betätigt er sich sportlich. Wandern, Bergsteigen, Surfen, Schwimmen und Tennisspielen stehen dann auf dem Programm.«

Das Jahr 1986 scheint nach einer hübsch ausgedachten Dramaturgie zu verlaufen, die ihren Auftakt mit einem hochsommerlichen Betriebsausflug der Bayerischen Staatskanzlei nimmt. Sie führt die Beamten mit Staatssekretär Edmund Stoiber an der Spitze standesgemäß auf die Nürnberger Kaiserburg. Dort stellt sich in einem Gespräch mit Kommunalpolitikern heraus, dass Becksteins Versprechen, aus Nürnberg wieder eine Sporthochburg zu machen, keineswegs aus der Luft gegriffen ist. Der Leiter der Staatskanzlei sieht nämlich durchaus Chancen, dass der Freistaat den Ausbau des Fußballstadions unter Umständen bezuschussen könnte, wenn dies nicht zu einem »Rattenschwanz von Forderungen anderer Gemeinden« führe. »Ich weiß nicht, wie viele Stadiondächer in Bayern noch für einen Ausbau in Frage kämen«, sinniert der Staatssekretär. Als Beispiele nennt er die Kommunen Coburg, Rosenheim – und seinen Wohnort Wolfratshausen. Der CSU-Fraktionsvorsitzende Georg Holzbauer erkennt darin eine Herabwürdigung Nürnbergs. Tatsächlich sieht Stoiber ein, dass die nordbayerische Metropole sich einzig und allein an München messen müsse. Endlich kommt seine

Steilvorlage für den OB-Kandidaten: Der Landtagsabgeordnete Beckstein sei ja im Maximilianeum sehr rührig. Er müsse halt bei den Haushaltsberatungen »rechtzeitig den Finger heben«.

Zehn-Millionen-Flanke von Strauß

Im September sorgt der Präsident des 1. FC Nürnberg, Gerd Schmelzer, für Aufregung. Bei einer Pressekonferenz verkündet er, der Freistaat sei bereit, zehn Millionen Mark für den Ausbau des Stadions beizusteuern, wenn die Stadt dieselbe Summe aufbringe. Nachdem er die Nachricht in die Welt gesetzt hat, begibt er sich auf einen Segeltörn – und überlässt dem Pressesprecher der Münchner Staatskanzlei die Kommentierung: »Von Millionensummen spricht bei uns noch niemand. Wir müssen erst einmal warten, wie viel Geld der Nürnberger Stadtrat bereitstellt. Danach wird das Finanzministerium befragt, und anschließend entscheidet der Landtag, welche Mittel er in das neue Haushaltsgesetz aufnehmen wird.«

Nicht einmal drei Wochen später ist Franz Josef Strauß bei einem Heimspiel des Clubs zu Gast. Beckstein ist an seiner Seite, als er das Stadion in der Halbzeitpause in eine Wahlkampfarena umfunktioniert. Hier müssten künftig wieder internationale Wettkämpfe stattfinden, ruft Strauß. Renovieren und Instandsetzen wären nur Flickschusterei. Es komme nur ein grundlegender Umbau mit ausreichenden Sitzplätzen und Überdachung in Frage. In den Jubel der Massen hinein verspricht der Ministerpräsident einen Zuschuss des Freistaats von mindestens zehn Millionen Mark. Für Beckstein ist dies ein Wahlgeschenk erster Güte. Sein Gegenkandidat ätzt, die Zusage sei nur recht und billig »nach allem, was die Staatsregierung schon in die südbayerische Metropole gesteckt hat«. Trotz des schwierigen Verhältnisses unterstützt Strauß den Nürnberger Kandidaten nach Kräften. Der Presse versichert der Regierungschef, er hätte Beckstein längst ins Kabinett geholt, wenn dieser nicht schon 1986 seine Kandidatur für das Amt des Oberbürgermeisters erklärt hätte – eine nette Wahlhilfe, die aber mit den tatsächlichen Einschätzungen des Ministerpräsidenten nichts zu tun hatte, wie Beckstein heute selbst sagt. Dies hielt ihn aber damals nicht davon ab, auch seinerseits zu verbreiten, dass er wegen seiner Kandidatur auf einen Platz im Kabinett Strauß verzichtet habe.

Bei den Landtagswahlen im Oktober 1986 wird erstmals in allen vier Nürnberger Wahlkreisen der Kandidat der CSU gewählt. Drei Sozialdemokraten verlieren ihr Direktmandat. Mit 43,9 Prozent der Zweitstimmen erzielt die CSU ihr zweitbestes Ergebnis der Nachkriegszeit. Die SPD liegt jetzt mehr als sechs Prozentpunkte zurück. Der bisherige Listenabgeordnete Beckstein bekommt im Stimmkreis Nord überraschend 43,1 Prozent. Für seinen sozialdemokratischen Kontrahenten stimmen nur noch 37,5 Prozent. Damit hat Becksteins Angriff auf das rote Rathaus mächtigen Rückenwind bekommen. Spätestens jetzt merken auch die Sozialdemokraten, dass der Kampf um das Amt des Oberbürgermeisters offen ist. Vielleicht hat die frühe Erkenntnis ein ganzes Jahr vor der Abstimmung ihnen am Ende den Sieg gerettet.

Beckstein sammelt 5000 Unterschriften für den kreuzungsfreien Ausbau des Frankenschnellweges und geißelt den »roten Filz« im Rathaus, wo im Unterschied zu anderen sozialdemokratisch dominierten Kommunen nicht ein einziger Referent der Union angehöre. Dass die SPD die Stadt »als atomwaffenfreie Zone« ausgerufen habe, sei rechtswidrig. Die Städtepartnerschaft mit dem kommunistischen Nicaragua nimmt der CSU-Kandidat ebenso aufs Korn wie die Kulturpolitik der rotgrünen Ratsmehrheit, die das Lesbenfrühstück im Feministischen Frauengesundheitszentrum jährlich mit 157 000 Mark aus dem städtischen Haushalt finanziere. Die *Süddeutsche Zeitung* wird ihm später dennoch eine »unleugbare Abneigung gegen Scharfmacherei« bescheinigen.

Becksteins Wahlkampf, so heißt es, verschlinge rund 1,2 Millionen Mark. Massiv ist auch die Unterstützung durch prominente Politiker der CDU wie den Regierenden Bürgermeister von Berlin, Eberhard Diepgen, und Walter Wallmann. Der hessische Ministerpräsident hatte einst die von der SPD beherrschte Stadt Frankfurt für die Union erobert. Wichtiger ist aber die zweite Großveranstaltung mit dem bayerischen Ministerpräsidenten acht Tage vor dem Urnengang. Bei der Kundgebung auf dem Hauptmarkt wird die Kult- und Hassfigur Strauß von rund 6500 Zuhörern je nach Standpunkt bejubelt oder ausgepfiffen. Als der Defiliermarsch für den Ministerpräsidenten verklungen ist, ereignet sich eine Sensation. In seinem Grußwort gibt der amtierende Oberbürgermeister und SPD-Renegat Urschlechter seine den ganzen Wahlkampf über durchgehaltene Zurückhaltung plötzlich auf – und empfiehlt Beckstein: »Wählen Sie einen Oberbürgermeister, der wie ich der Staatsregierung Dankeschön sagt und nicht mit ihr im Hader liegt.«

Darauf muss Strauß reagieren, noch bevor er sich nach allen Regeln seiner rhetorischen Kunst mit Rot und Grün auseinandersetzt. Voll des Dankes überhäuft er den freundlichen und gänzlich unerwarteten Wahlhelfer mit einer Reihe von ausgesuchten Komplimenten. Er lobt dessen Unterstützung bei dem Streit um den Bau des Main-Donau-Kanals, würdigt sein Verantwortungsbewusstsein sowie »das Augenmaß für das Mögliche und die Leidenschaft für die große Aufgabe«. Dann wendet er sich gleichsam im Vorübergehen seinem Kandidaten zu. »Fleiß, Zähigkeit, Standvermögen und Glaubwürdigkeit« machten aus Beckstein einen Mann, »der das Werk Dr. Urschlechters fortsetzen kann«.

Dieser bekommt nicht die Gelegenheit, es zu beweisen. Am Abend des 18. Oktober 1987 werden via Bildschirmtext Einzelergebnisse in die Gaststätte »Zur Dampfmaschine« übertragen, die den Kandidaten offensichtlich zutiefst treffen. Schönlein bekommt 49,8 Prozent, Beckstein nur 43,2. Lediglich ein paar hundert Stimmen fehlen dem Sieger zur absoluten Mehrheit. So muss er noch in die Stichwahl. »Ich habe mehr erwartet«, bekennt der Verlierer. Nach einer Stunde ruft der Bezirksvorsitzende Oscar Schneider: »Leute, wir kämpfen weiter!« Marga Beckstein schenkt ihrem Mann ein Modell des Adlers, der ersten deutschen Eisenbahn. Der schon geschlagene Wahlkämpfer versucht, seinen Mitstreitern Mut zu machen: »Wenn man entsprechend bläst, kann man ein solches Blatt doch noch wenden«, sagt er. Aber das glaubt er selbst nicht. »Noch ist Nürnberg nicht verloren«, heißt das Motto für den Schlussspurt, das die SPD, etwas dünnhäutig, »maßlos und arrogant« findet. Die FDP empfiehlt ihren Anhängern den CSU-Mann. Doch der fällt in der Stichwahl noch um einen knappen Prozentpunkt hinter sein Ergebnis im ersten Durchgang zurück. Schönlein hingegen erhält 57,6 Prozent.

Niedergeschlagen

Der Verlierer beklagt bis heute den Einfluss der so genannten Barschel-Affäre. Nur ein paar Tage vor der Wahl in Nürnberg war der kompromittierte schleswig-holsteinische Ministerpräsident von seinem Amt zurückgetreten und anschließend tot in der Badewanne eines Genfer Hotels aufgefunden und von einem Reporter fotografiert worden. Aber auch sich selbst macht Beckstein Vorwürfe. Er habe sich zu sehr davon beeindrucken lassen, dass Schönlein mit seiner Herkunft aus dem Stadtteil Kohlenhof geworben habe, während er selbst nur als der Hersbrucker gegolten habe. Dem Wähler sei keine echte Alternative geboten worden, weil er nicht selbstbewusst genug aufgetreten sei. Auf einer Reise durch die USA versucht Beckstein seine Niederlage zu verwinden. Sie habe ihn verändert, wird er später sagen. Und dass er daran gedacht habe, die Politik an den Nagel zu hängen.

Für die nächste Wahl muss sich Oscar Schneider als Kandidat nach langem Zögern in die Pflicht nehmen lassen. Dem 62 Jahre alten Bezirksvorsitzenden, der im April 1989 aus dem Bundeskabinett ausgeschieden ist, wird im Wahlkampf das Argument vorgehalten, mit dem er vor drei Jahren die ihm von Strauß angetragene Kandidatur ausgeschlagen hatte: sein Alter. Außerdem kreidet die SPD ihm als dem früheren Bundesbauminister die Wohnungsnot in Nürnberg an. Bei der Direktwahl im März 1990 bekommt Schneider nur 36,9 Prozent. Auch der landesweite Tagestrend ist an Nürnberg nicht spurlos vorübergegangen. 1996 gelingt es überraschend dem Fraktionsvorsitzenden der CSU, Peter Scholz, sich in einer Stichwahl gegen Schönlein durchzusetzen. Er ist das erste katholische Stadtoberhaupt seit der Reformation. Doch schon 2002 kann sein sozialdemokratischer Herausforderer Ulrich Maly ihn wieder aus dem Amt verdrängen.

Aufstieg mit Stoiber

Als der Gebirgsschütze Peter Gauweiler am 7.Oktober 1988 am Sarg von Franz Josef Strauß salutierte, ahnte er vielleicht schon, dass dieser ihm auch im politischen Leben fehlen würde. Der Staatssekretär im Innenministerium, der als Lieblingsschüler des Patriarchen galt, konnte im Alter von 39 Jahren auf eine Laufbahn mit beachtlichen Erfolgen und ganz eigenen Akzenten zurückblicken. Als Pressesprecher der Münchner CSU hatte er mit großem Aufwand und vielen Ideen einen erheblichen Anteil an der Wahl Erich Kiesls zum Oberbürgermeister. Als Kreisverwaltungsreferent ließ er seine Beamten die Bierkrüge auf dem Oktoberfest kontrollieren, weil er in ihnen zu wenig Flüssiges und zu viel Schaum vermutete. Seine Methoden waren immer umstritten, aber oft genug brachten sie die erhofften Resultate. Dazu passte, dass Gauweiler sich lang auf dem ersten Platz eines Rankings halten konnte, das die Münchner Boulevardzeitung *tz* regelmäßig veröffentlichte: »Die 10 goldenen Junggesellen Münchens«. Wenn Gauweiler in großen Sälen redete, sprach er manchmal über ganze Passagen hinweg so leise, dass man eine Stecknadel hätte fallen hören können, weil keiner der Zuhörer etwas verpassen wollte. Der Staatssekretär war bekannter als viele Minister. Dabei gehörte er nicht einmal der Landtagsfraktion an. Solche Paradiesvögel fliegen über alle hinweg und müssen ständig mit ihrem Absturz rechnen.

Schon im Sommer 1988 schien Gauweiler vor der Ablösung zu stehen. Die Opposition im Maximilianeum hielt ihm ein umfangreiches Sündenregister vor. Von »pseudomilitärischem Imponiergehabe« war die Rede. Gauweiler lasse seine Beamten strammstehen, wenn er das Parlament betrete. Zur Beerdigung eines Polizisten in Eichstätt habe er Kollegen im Stahlhelm anrücken lassen, obwohl die Familie sich dagegen verwahrt habe. Seine Nachbarn am Starnberger See fühlten sich angeblich sonntags von dem Lärm der Hubschrauber belästigt, die ihn abholten. Auch viele Fahrten mit Blaulicht und Sirene fielen auf. Gauweiler selbst sah »eine ganze Denunziationsmaschinerie« gegen sich gerichtet. Die »Blaulicht-Geschichten« führt er auf seine hohe persönliche Gefährdungsstufe zurück. Es treffe nicht zu, dass er Beamte zum »Männchenmachen« anhalte, sagte er. Allerdings müssten bayerische Polizisten einem vorbeikommenden Vorgesetzten schon kurz melden, was gerade ihr Auftrag sei. In einer Sondersitzung des Landtages nahm Innenminister August R. Lang seinen Staatssekretär in Schutz. »Man schlägt die Symbolfigur Gauweiler und meint die innere Verwaltung.« Den Antrag der SPD, den Staatssekretär zur Ordnung zu rufen, lehnte die Mehrheit des Landtags ab. Doch es fiel auf, dass einige CSU-Parlamentarier sich der Stimme enthielten.

Die Gauweiler vorgehaltenen Verfehlungen im Umgang mit seinen Beamten nahmen sich für manchen Parteifreund sicher schwerwiegender aus, als sein rigides Vorgehen im Kampf gegen die Immunschwäche Aids. Mit Zwangstests für »Risikopersonen« ging er zwar weit über die Linie der Bundesgesundheitsministerin Rita Süssmuth hinaus. Doch Differenzen mit der ungeliebten CDU-Politikerin konnten in der CSU eigentlich jedem nur zur Ehre gereichen. »Der eine liebt die starke Sprache, der andere das verbindliche Gespräch«, sagte der stellvertretende Fraktionsvorsitzende Beckstein. Inhaltlich aber gebe es in der Sicherheitspolitik der CSU eine einheitliche Auffassung. »Die wird von Herrn Staatssekretär Gauweiler vertreten und von uns mitgetragen.«

Am 1. Oktober 1988 bricht Franz Josef Strauß im Jagdrevier des Fürsten von Thurn und Taxis bei Regensburg zusammen. Zwei Tage später stirbt er. »Wie eine Eiche ist er vor uns gestanden«, sagt beim Staatsbegräbnis am 7. Oktober Joseph Kardinal Ratzinger, der spätere Papst Benedikt XVI., »kraftvoll, lebendig, unverwüstlich, so schien es, und wie eine Eiche ist er gefällt worden.« Der CSU bleibt ein Diadochenkampf erspart. Der Bundesfinanzminister und Vorsitzende des CSU-Bezirks Schwaben,

Theo Waigel, reklamiert mit Erfolg den Parteivorsitz für sich. Max Streibl, bayerischer Finanzminister und stellvertretender Regierungschef, genießt innerhalb der Landtagsfraktion schon seit Jahren einen guten Ruf. Sieghard Rost berichtet, dass er ihm bei einem Spaziergang am Rande einer Klausurtagung der Landtagsfraktion in den Achtzigerjahren ermuntert habe, sich für die Staatskanzlei bereitzuhalten. Als sich die Frage nun tatsächlich stellt, wendet Rost sich in einem Brief an Streibl. Er rät ihm, die aus Teilen Frankens zu hörenden Einwände gegen ihn zu ignorieren und das Amt des Ministerpräsidenten rasch anzustreben. Außerdem nutzt er die schöne Gelegenheit, um ihm Beckstein »als Staatssekretär und zugleich fränkischen Repräsentanten« ans Herz zu legen.

Die Erben des Patriarchen

Streibl kann sein Kabinett schon am 19. Oktober vorstellen. Den bisherigen Leiter der Staatskanzlei, Edmund Stoiber, beruft er ins Amt des Innenministers. Weil Heinz Rosenbauer, der zweite Staatssekretär neben Gauweiler, ins Justizministerium wechselt, wird am Odeonsplatz ein hohes Amt für Beckstein frei. Seine fachliche und politische Qualifikation ist unstrittig. Seit 1978 steht er dem Landtagsausschuss für Sicherheitsfragen vor, seit 1980 ist er Chef des CSU-Arbeitskreises Polizei und seit Kurzem stellvertretender Fraktionsvorsitzender. Außerdem hat der Nürnberger seinen Wahlkreis direkt geholt und sich bei der Wahl des Oberbürgermeisters für die Partei aufgerieben. Beckstein rückt formal nur an die Seite von Gauweiler auf. Tatsächlich übernimmt er aber auch dessen sicherheitspolitische Aufgaben. Gauweiler muss sich mit der Bau- und Gewässeraufsicht begnügen.

Indem Streibl den schillernden Münchner durch den bescheidenen und fleißigen Nürnberger ersetzt, nimmt er der Opposition ein willkommenes Angriffsziel. Es ist schier undenkbar, dass Beckstein einen Polizisten in aller Öffentlichkeit zusammenstauchen würde. Stoiber kann diese Entscheidung nur recht sein, denn sie unterstreicht, wer unter den Schülern des verstorbenen großen Vorsitzenden das Sagen hat. Beckstein sieht in der Sicherheitspolitik »null Unterschied« zu Gauweilers Positionen. Er wehrt sich gegen seinen Ruf als »Liberaler« in der CSU und fordert Kollegen wie Journalisten auf, nicht vom Temperament auf die Gesinnung zu schließen. Im Januar 1989 zeigt die Deutsche Aids-Hilfe den neuen Staatssekretär wegen Volksverhetzung und Beleidigung an, weil er in einem Hörfunkinterview von »Todesbomben« gesprochen habe, die man »nicht entsprechend herumleben lassen« könne. Außerdem verwahrt sich die Aids-Hilfe gegen Becksteins Vorwurf, sie trage nicht zum Schutz gegen die Immunschwäche bei, sondern helfe bei ihrer Weiterverbreitung. Die Staatsanwaltschaft beim Landgericht Nürnberg-Fürth leitet allerdings kein Ermittlungsverfahren ein. Sie meint, dass Beckstein die Gefahr nur plakativ herausgestellt und zu verantwortungsbewusstem Verhalten aufgerufen habe.

Im Jahr 1993 löst Max Streibl beim Politischen Aschermittwoch in Passau trotzigen Jubel aus. Eine Minderheit seiner Parteifreunde aber ist wie gelähmt vor Entsetzen. Mit der Begrüßung »Saludos, amigos« mokiert sich der Ministerpräsident über die seit Monaten gegen ihn erhobenen Vorwürfe. Die Kritik an seinen von Unternehmern finanzierten Luxusreisen scheint er gar nicht zu verstehen. Dass er den Aufgaben eines Regierungschefs ohnehin nicht gewachsen ist, steht schon seit Langem fest. Gesundheitliche Probleme sind unübersehbar. Schließlich sinken kurz vor den drei Wahlen im Jahr 1994 auch die Umfragewerte der CSU.

Das in der Öffentlichkeit ausgetragene Duell um Streibls Nachfolge beginnt am Montag, den 11. Mai 1993. Der Einundsechzigjährige kündigt seinen Rückzug an, nachdem er in der Münchner Parteizentrale mit Waigel und dem Vorsitzenden der Landtagsfraktion, Alois Glück, beraten hat. Sie gelten als Gegner Stoibers. *Bild* berichtet, dass 56 Prozent der Bevölkerung sich den CSU-Vorsitzenden und Bundesfinanzminister als neuen Ministerpräsidenten wünschten und nur 28 für Stoiber seien. Michael Glos, der Vorsitzende der Landesgruppe in Bonn, gibt eine Fülle von Interviews, die zwar einigermaßen neutral gehalten sind, aber den Eindruck erwecken, als werde über den künftigen Ministerpräsidenten Bayerns nicht an der Isar, sondern am Rhein entschieden. So sehen es jedenfalls die Abgeordneten der Landtagsfraktion, die am Mittwoch im Maximilianeum tagen. Stoiber beschwert sich bei dieser Gelegenheit darüber, dass er von dem Gespräch mit Streibl erst erfahren habe, als es schon im Gange gewesen sei. »Ich habe dies als Ausgrenzung empfunden, die allen Beteuerungen und Aufrufen zur Gemeinsamkeit widerspricht.« Die Fraktion stimmt zwar nicht ab, aber die Aussprache fällt so eindeutig zugunsten von Stoiber aus, dass sie als unübersehbares Votum gewertet wird. Selbst Waigels Anhänger aus dem Bezirk Schwaben halten sich bedeckt und sparen sich ihre schüchternen Sympathiebekundungen für den nächsten Tag auf.

Am Freitag reist Stoiber nach Augsburg, um sich dort mit Waigel zu einem Gespräch unter vier Augen zu treffen, in dessen Verlauf sich beide regelrecht angebrüllt haben sollen. Seinen Anspruch auf das Amt des Ministerpräsidenten macht Stoiber unter dem Stichwort der Arbeitsteilung geltend. Den Parteivorsitz strebt er nicht an. Stattdessen nimmt er für sich in Anspruch, dass er die Aufgaben des Ministerpräsidenten als Leiter der Staatskanzlei unter Strauß ja praktisch schon einmal wahrgenommen habe. Waigel macht die Schlappe in der Fraktion zu schaffen. Vor der Presse ruft er deshalb die Basis der CSU auf, sich zu äußern. Doch es mangelt ihm an Entschlossenheit. Er hoffte, die Dinge am Wochenende in aller Ruhe überdenken zu können. Allerdings musste er in seiner Eigenschaft als CSU-Vorsitzender am Samstagabend noch den Bezirksparteitag in Nürnberg hinter sich bringen.

Die Demütigung Waigels

Dass dies ein denkbar ungünstiger Termin war, wusste niemand besser als Waigel selbst. Denn in Nürnberg gab Beckstein den Ton an. Und der war ihm noch aus den Zeiten der Jungen Union in schlechter Erinnerung. Als Waigel bei der Landesversammlung im Jahr 1971 in Starnberg zum Vorsitzenden gewählt wurde, hatte der Nürnberger sich für seinen Gegenkandidaten eingesetzt. Zwanzig Jahre später, im April 1991, war Beckstein mit 108 von 114 Stimmen zum Nachfolger des Bezirksvorsitzenden Oscar Schneider gewählt worden. Doch er war nicht nur Bezirksvorsitzender, sondern als Staatssekretär im Innenministerium ein überzeugter Gefolgsmann Stoibers. Die Kooperation der beiden ging weit über Ressortangelegenheiten hinaus. Der Staatssekretär war auch der Ratgeber seines Ministers. Regelmäßig beriet Stoiber sich mit ihm über die aktuelle Lage in Partei, Fraktion und Kabinett. Sogar die Rede, mit der er in den Gremien für sich als Nachfolger Streibls werben wollte, hatte er Beckstein vorgetragen. Dieser rief Waigel am Freitagabend an und erklärte ihm, dass es ihm am Samstag vor allem um seine Wiederwahl als Bezirksvorsitzender gehe und er Streit vermeiden wolle. Er bat ihn deshalb, sich nicht zu der Streibl-Nachfolge zu äußern. Ansonsten, so kündigte er an, werde er für Stoiber eintreten.

Die Rede, die Waigel im Saal »Flamingo« des Nürnberger Hotels »Tiergarten« hält, dokumentiert seine innere Zerrissenheit. Einerseits warnt er vor einer »Änderung der Koordinaten« in der CSU und deutet an, dass es dazu käme, wenn Stoiber mehr Einfluss gewinne. Andererseits bezieht er etwa in der Asylpolitik exakt die von dem Innenminister vorgegebene und in der Partei unstrittige Linie. Einerseits erwähnt er sein Duell mit Stoiber, indem er sagt: »Es stehen zwei Namen im Raum.« Andererseits vermeidet er es, seinen Anspruch auf das Amt des Ministerpräsidenten auch nur ein einziges Mal explizit zu formulieren. Trotzdem berichtet er, dass ihn viele Briefe erreicht hätten, in denen er für seine Arbeit in Bonn gelobt werde. »Ich wusste gar nicht, wie gut und unentbehrlich ich als Bundesfinanzminister bin«, sagt er. Den ironischen Sarkasmus überhörte die Mehrheit der Delegierten und applaudiert so kräftig, wie sie es an keiner anderen Stelle seiner Rede getan hat.

Als diese nach einer Stunde und zwanzig Minuten endet, präsentiert Beckstein eine Resolution des geschäftsführenden Vorstands, die in großer Klarheit »den überwältigenden Vertrauensbeweis der CSU-Landtagsfraktion für Edmund Stoiber« unterstützt. Der Kernsatz lautet: »Der CSU-Bezirksverband begrüßt die Lösung: Theo Waigel als Parteivorsitzenden und Bundesfinanzminister, Edmund Stoiber als bayerischen Ministerpräsidenten.«

Nun gerät Waigel endgültig in die Defensive. Er hält sich zugute, Streibl »mit Anstand und Würde« zu seinem Rückzug veranlasst zu haben. Es sei kein Dogma, dass der Regierungschef des Freistaates aus der Landespolitik kommen müsse. Dies zeige das Beispiel Strauß. Waigel bestreitet, dass die Stimmung in der Landtagsfraktion repräsentativ für die Basis sei. Die Gremien der CSU müssten an der Meinungsbildung beteiligt werden, bevor die Fraktion den Ministerpräsidenten wähle. Aber das habe noch Zeit. Es sei besser, sich eine Woche später auf den richtigen Mann zu einigen, als eine Woche früher den falschen auszuwählen. Mit steinerner Miene muss er sich jetzt Solidaritätsbekundungen zugunsten von Stoiber anhören – von der Landtagsabgeordneten Christel Schweder etwa. Sie lobt, dass der Innenminister die Themen Asyl und Kriminalität angepackt habe. Ihr Fraktionskollege Karl Freller spricht von einer »De-Facto-Entscheidung« der Fraktion, die man nun auch offen vertreten müsse, anstatt immer nur heimlich mit den Journalisten zu tuscheln. Es gibt viel Applaus für die Positionen der Landespolitiker aus Nürnberg. Die Bundestagsabgeordneten Christian Schmidt und Renate Blank wollen eine Abstimmung über die Resolution verhindern. Sie sei weder opportun noch zulässig, meinen sie – und ernten Buhrufe.

Noch einmal ergreift Beckstein das Wort. Der Parteitag wolle niemanden schlecht machen und auf keinen Fall einen Vorsitzenden beschädigen, den man doch brauche. Aber die Führungsfrage müsse rasch geklärt werden. Der Bezirksvorsitzende wendet sich gegen eine »Rochade«, wie sie die Anhänger Waigels sich ausgedacht haben: Danach soll Waigel von Bonn nach München und Stoiber umgekehrt von der Isar an den Rhein wechseln, um dort das Amt des Innenministers zu übernehmen. Beckstein verspricht Waigel stehende Ovationen des Parteitags, wenn er nun eine »befreiende Erklärung« abgebe. Die Demütigung, die der eher kleine Bezirksverband dem Landesvorsitzenden bereitet, ist beispiellos.

Mit einer unerwartet knappen Mehrheit wird entschieden, nun endlich über die Resolution zu befinden. Die eigentliche Abstimmung wartet Waigel nicht mehr ab. Er weiß, dass er sie verlieren wird, und verlässt den Saal, während die Stimmzettel eingesammelt werden. Beckstein verabschiedet ihn mit den Worten: »Lieber Theo, wir danken dir. Ich weiß nicht, ob man dir ein schönes Wochenende wünschen kann.« 78 Delegierte votieren für die Resolution, nur 31 dagegen. Zu der Minderheit, die schon in der Aussprache für Waigel votierte, zählte auch die Landrätin des Kreises Fürth, Gabi Pauli-Balleis. Becksteins Wiederwahl als Bezirksvorsitzender fällt noch klarer aus. Er bekommt 106 von 110 Stimmen.

Für den Montagmorgen hat Waigel das Parteipräsidium, die Bezirksfürsten und den geschäftsführenden Vorstand der Landtagsfraktion zu einer Sondersitzung in die Parteizentrale einberufen. Sie dauert sieben Stunden. Doch seine Hoffnung, dass diese Zusammenkunft einen Stimmungsumschwung in seine Richtung auslösen könnte, erfüllt sich nicht. Dafür werden die Teilnehmer Zeuge, wie Waigel sich an den Tag seiner Wahl zum Landesvorsitzenden der JU im Jahr 1971 erinnert und Beckstein über den Tisch hinweg anzischt: »Du hast schon einmal den Falschen gewählt.«

Generalsekretär Erwin Huber erklärt später, dass die Entscheidung über den künftigen Ministerpräsidenten zwar formal von der Fraktion gefällt werde. Weil aber der künftige Regierungschef auch der Spitzenkandidat der CSU bei den Landtagswahlen im Jahr 1994 sei, habe die Partei ein Mitspracherecht. Doch es ist nicht etwa so, als stünde diese geschlossen zu ihrem Vorsitzenden – wie sollte sie auch? Die tonangebenden Kreis- und Bezirksvorsitzenden sind in ihrer großen Mehrheit Mitglieder der Landtagsfraktion.

Am Ende der Woche treffen sich die Spitzen von Partei und Fraktion abermals. Anschließend muss Waigel verkünden, dass Stoiber der neue Ministerpräsident werden soll. Er selbst habe sich nicht nach dem Amt gedrängt, sagte er, doch Parteifreunde hätten ihn gebeten, an einen Wechsel zu denken. Darum bereue er es nicht, als Bewerber aufgetreten zu sein. Großen Wert legt Waigel auf die »klare Verteilung« der Aufgaben zwischen Partei- und Regierungschef. Er kündigt an, dass die Einrichtung des »Jour fixe« zwischen Bonn und München wiederbelebt und das Parteipräsidium häufiger als bisher tagen werde. Als Bundesfinanzminister werde er darauf achten, dass die Staatsregierung sich an die Gebote der Sparsamkeit halte. Indirekt gibt Waigel zu, mit dem Gedanken gespielt zu haben, sich aus der Politik völlig zurückzuziehen. Schließlich habe sogar Stoiber einmal gesagt: »Es gibt auch ein Leben außerhalb der Politik.« Der künftige Ministerpräsident sagt: »Es gibt keinen Gewinner. Der Gewinner ist die CSU.« Sein Verzicht auf das Amt des stellvertretenden Parteivorsitzenden sei richtig gewesen. Der Regierungschef gehöre automatisch dem Parteivorstand an und

40

brauche deshalb keine zusätzliche Funktion. Auch in seinem Einfluss auf die Linie der CSU sieht Stoiber sich nicht beschnitten: »Ich bin nach wie vor Mitglied dieser CSU.«

Waigel hat das Duell mit Stoiber besonders tief verletzt, weil seine Eheprobleme und seine Liebesbeziehung zu der prominenten Skifahrerin Irene Epple gegen ihn instrumentalisiert wurden. Nicht einmal bei den Kommunisten habe es jemals einen so brutalen und diffamierenden Umgang gegeben wie in seiner Partei im Jahr 1993, sagte er später im Rückblick. Stoiber hat den Verdacht, die Kampagne sei aus seinem Lager heraus geführt worden, damals in einem Leserbrief an den »Spiegel« entschieden zurückgewiesen: »Ich lehne solche heimtückischen und scheinheiligen Methoden ab und lasse mir derartiges denunziatorisches Handeln in keiner Weise zurechnen.«

Rückenwind für Stoiber

So unappetitlich die Intrige gegen Waigel auch war, eine ausschlaggebende Rolle hat sie wohl nicht gespielt. Tatsächlich ließ die Konstellation Waigel von Anfang an kaum eine Chance: Die Landtagsfraktion hatte über einen neuen Ministerpräsidenten zu befinden und verfügte mit ihrem Innenminister über einen ehrgeizigen Aspiranten in den eigenen Reihen, dessen Fähigkeiten unbestritten waren. Bei dieser Ausgangslage hätte es schon einer machtvollen und klugen Intervention bedurft, um Stoiber noch zu verhindern. Doch die Bonner Landesgruppe vollbrachte das Gegenteil, indem insbesondere ihr Vorsitzender Michael Glos in verschiedenen Interviews das Gewicht der Landtagsfraktion zumindest indirekt in Zweifel zog und deren Geschlossenheit und ihre Solidarität mit Stoiber auf diese Weise noch erhöhte.

Waigel erhob seinen Führungsanspruch zwar in kleinen Zirkeln, konnte sich aber nicht dazu durchringen, ihn auch öffentlich deutlich zu bekunden. Ein solches Taktieren gelingt, wenn es weit und breit keinen ernstzunehmenden Konkurrenten gibt, aber hier war ja das Gegenteil der Fall. Im Übrigen ließ sich ein Wechsel Waigels von Bonn nach München der Öffentlichkeit schwer vermitteln. Angesichts der großen Verantwortung, die der Finanzminister in der historischen Phase zwischen der Wiedervereinigung und der Einführung einer gemeinsamen europäischen Währung trug, wäre sein Abschied als eine Art Flucht verstanden worden.

Vor diesem Hintergrund lässt sich die weit verbreitete These, Stoiber habe Beckstein seine Wahl zum Ministerpräsidenten zu verdanken, nicht halten. Beckstein war nicht der »Königsmacher«. Er hat in Nürnberg lediglich für zusätzlichen Rückenwind gesorgt. Stoibers hohes Ansehen in der Landtagsfraktion, Waigels Unentschlossenheit und die Unfähigkeit seiner Mitstreiter bestärkten Beckstein darin, sich auf offener Bühne nicht nur auf die Seite seines Innenministers zu schlagen, sondern dessen Gegner eine weithin sichtbare und schwere Niederlage zuzufügen. Waigel hatte Beckstein unterschätzt. Die Erklärung für die beachtliche Härte, mit der der Vorsitzende eines kleinen Bezirks gegen den CSU-Parteichef und Bundesfinanzminister vorging, war zum einen das von jeher schlechte Verhältnis zwischen den beiden. Waigels Wahl zum Vorsitzenden der Jungen Union und der CSU hatte Beckstein nicht verhindern können, aber bei dem zaghaften Griff nach dem Amt des Ministerpräsidenten konnte er ihm aus eigener Kraft in den Arm fallen – und tat es ungerührt. Hinzu kam seine Verbundenheit mit Stoiber. Die Gegnerschaft zu dem einen und die Treue zu dem anderen waren gleich zwei hinreichende Motive für diesen nicht sehr riskanten Einsatz. Die Wahrscheinlichkeit, dass Beckstein auf der Seite des Verlierers kämpfte, war gering; die Aussicht, am Ende noch mit dem eigenen Aufstieg belohnt zu werden, hingegen sehr konkret. Waigel hat Beckstein seinen Einsatz nie verziehen. Einer seiner Racheakte bestand darin, ihn als »politischen Legastheniker« zu titulieren.

Am 17. Juni 1993 wurde der Staatssekretär zum Innenminister im Kabinett Stoiber ernannt. Abermals stellte er seine neue Aufgabe unter das Motto »Kontinuität«. Das klang wieder bescheiden, doch in Wirklichkeit hatte Becksteins Vorgehensweise auf dem Nürnberger Parteitag gezeigt, wie entschlossen er das politische Geschäft betrieb und mit welcher Selbstverständlichkeit er von der Macht des Bezirksvorsitzenden Gebrauch machte.

Eine Woche nach seinem Amtsantritt überfielen 13 Angehörige der kurdischen Terrororganisation PKK das türkische Generalkonsulat in München-Nymphenburg und nahmen 23 Geiseln. Nach 15 Stunden gaben die äußerst nervösen Täter auf. Hätten sie ein Blutbad angerichtet, so Stoiber später, hätte Beckstein sein Amt als Innenminister schon nach wenigen Tagen wieder verloren.

Freund und Helfer aller Bayern

Das Innenministerium ist ein wahres Superministerium. Als sich mit der Erhebung Bayerns zum Königreich im Jahr 1806 die Aufgabe stellte, die Einheit, Integrität und Macht des Staates zu sichern, bildete dieses Haus mit seinen breit gefächerten Zuständigkeiten den Kern der Staats- und Verwaltungsreform des Grafen Montgelas. Bis heute ist es nicht nur das wichtigste unter allen Fachministerien, sondern auch das Ressort, das seinem Minister geradezu unbegrenzte Möglichkeiten gibt, sich im Volk bekannt und beliebt zu machen. Denn es ist für besonders viele Einrichtungen zuständig, die in den Kommunen von existenzieller Bedeutung sind. Wer sich erkennbar und erfolgreich um Katastrophenschutz, Rettungsdienste, Feuerwehr und Polizei kümmert, erwirbt sich rasch die Achtung der Kommunalpolitiker, deren konstitutive Bedeutung für die Stimmung im Land und für die Partei Strauß einst mit dem Begriff des Wurzelgeflechts unterstrich.

Beckstein hat sich eine bayerische Besonderheit zunutze gemacht, nämlich die Tatsache, dass zum Innenministerium auch die Oberste Baubehörde des Freistaats gehört. Mehr als 100 Milliarden Euro habe er als Minister verbaut, sagt Beckstein. Einer der Schwerpunkte war die Errichtung von Ortsumgehungen, die ganze Kommunen für den Minister und dessen Partei einnehmen konnten, wenn sie mit politischem Geschick eingefädelt wurden und die Innenstädte am Ende tatsächlich entlasteten. Im Zusammenwirken mit dem Bund ist der Innenminister außerdem auch für den Neu- und Ausbau der Autobahnen zuständig – ohne ihn aus dem Landeshaushalt finanzieren zu müssen.

Ein Beispiel dafür ist die 500 Meter lange Talbrücke, über die im Kreis Aschaffenburg die Autobahn A 3 durch den Spessart verläuft. Ursprünglich hatte die Autobahndirektion Nordbayern

die Brücke im Zuge des sechsspurigen Ausbaus der total über-
lasteten Magistrale zwischen Frankfurt und Nürnberg einfach
verbreitern wollen. Doch die nicht einmal 4000 Einwohner
zählende Gemeinde Waldaschaff leistete heftigen Widerstand
und setzte sich am Ende mit einer Forderung durch, die
zunächst nicht nur als unbescheiden, sondern auch als Illusion
galt: Sie kämpfte dafür, die Brücke dreihundert Meter weiter
südlich von ihrer eigentlichen Trasse neu zu errichten, um die
Lärmbelastung des Ortskerns zu senken.

Im Spessart unterwegs

Herbert Albert, Tiefbauingenieur und Mitglied der Bürgerinitiative »Waldaschaff fordert die Verlegung der A 3«, wird diesen Tag nie vergessen: Im Dezember 2002 kam der Innenminister zu einem Ortstermin. Die Diskussion zwischen den
Beamten aus Land und Bund, den Politikern der Region und
den Vertretern der Bürgerinitiative hatte sich über Stunden hin-
gezogen, bis Beckstein sich seine Meinung gebildet hatte. »Plötzlich hat er mir auf die Schulter gehauen«, erinnert sich Albert.
Dabei sagte er: »Gut! So wird es untersucht.« Die Beamten waren weniger begeistert. Ihre Prüfungen zogen sich ein paar Monate hin. Am Ende ergaben sie, dass der Wunsch der Kommune beachtliche praktische Vorteile aber auch Mehrkosten in
Millionenhöhe mit sich bringen würde. Das Ergebnis ihres
jahrelangen Kampfes teilte der Minister der Gemeinde im Mai
2003 höchstpersönlich mit. 700 Menschen jubelten ihm zu,
und der katholische Kirchenchor erweiterte sein Repertoire: »So
ein Tag, so wunderschön wie heute«.
    Die 20 000 Einwohner des Städtchens Alzenau haben es Beck-
stein zu verdanken, dass sie nicht nur über zwei, sondern über
drei Anschlussstellen an der Autobahn A 45 verfügen. Im Jahr
2000 hatte der Bürgermeister Walter Scharwies (CSU) in der

Fernsehsendung des Bayerischen Rundfunks »Jetzt red i« vor laufenden Kameras erklärt, warum seine Stadt unbedingt einen weiteren Autobahnanschluss benötige. Gemäß dem Prinzip der Sendung wurde Beckstein ein paar Wochen später mit den Aufzeichnungen aus dem äußersten Nordwesten des Freistaats live konfrontiert. Dabei gelang es dem Moderator, ihm die definitive Zusage abzuringen, dass der Wunsch der Alzenauer erfüllt werde. Er kostete mehr als fünf Millionen Euro.

Als die Kommunen nach der Jahrtausendwende unter dem allgemeinen konjunkturellen Niedergang litten, erwies Beckstein den Stadtvätern von Aschaffenburg seine besondere Gunst. In seinen Fördertöpfen befanden sich noch Millionensummen, die nicht abgerufen werden konnten. Denn vielen Kommunen fehlte das Geld für die Ko-Finanzierung. Weil die Beamten in der Obersten Baubehörde das Geld aber nicht verfallen lassen wollten und wussten, dass die wohlhabende Stadt am Untermain trotz der schlechten wirtschaftlichen Gesamtlage über eine große finanzielle Kraft verfügte, rief Beckstein den sozialdemokratischen Oberbürgermeister Klaus Herzog an. Wenn er mit dem Gedanken an zusätzliche Investitionen in den Straßenbau spiele, so seine Botschaft, möge er sich doch baldmöglichst vertrauensvoll an sein Haus wenden. Dies ließen die Rechenkünstler vom Untermain sich nicht zweimal sagen. Umgehend erweiterten und modifizierten sie die Pläne für die Vollendung ihrer Umgehungsstraße so, dass die Zuschussquote am Ende nicht bei 59, sondern bei 69 Prozent lag. Rathäuser haben ein langes Gedächtnis, und in Bayern gibt es viele.

Doch kam Beckstein selbst den Franken nicht immer nur entgegen. Als der Bund beispielsweise zur Mitte der Neunzigerjahre plante, auf der Autobahn 3 zwischen Frankfurt und Würzburg als Pilotprojekt für rund 100 Millionen Euro einen kilometerlangen Lärmschutztunnel zu errichten, widersetzte Beckstein sich dem Projekt. Der CSU-Bundestagsabgeordnete des Aschaffenburger Wahlkreises, Norbert Geis, erinnert sich an ein Gespräch, das im

Bonner Bundeskanzleramt stattfand. Als zuständiger Landesminister sollte Beckstein in die schon weit vorangeschrittenen Verhandlungen eingebunden werden. Doch er sperrte sich. »Das lasse ich mir von euch nicht bieten«, raunzte er. Mit einer so gewaltigen Summe lasse sich eine ganze Reihe von wichtigeren anderen Projekten im Freistaat realisieren. Beckstein kündigte an, die Dinge mit Hilfe des Bundesverkehrsministeriums zurechtzurücken. Geis antwortete ihm: »Du kannst machen, was du willst. Daran änderst du jetzt gar nichts mehr.«

So sicher war er sich seiner Sache aber in Wirklichkeit nicht. Darum griff er, nachdem Beckstein sich verabschiedet hatte, sofort zum Telefonhörer, um den zuständigen Abteilungsleiter im Verkehrsministerium vorzuwarnen und noch einmal auf die bislang verfolgte Linie einzuschwören. »Beckstein ist im Anmarsch. Bleiben Sie standhaft. Dann kann Ihnen gar nichts passieren.« Tatsächlich ließen die Beamten sich von dem hohen Besucher aus München nicht umstimmen. Als im Februar 1997 auch die politische Spitze in diesem Sinne entschieden hatte, kam der Parlamentarische Staatssekretär Manfred Carstens (Emstek) in Geis' Wahlkreis an den Untermain, um die frohe Botschaft dort persönlich zu verkünden. Gleichzeitig wurde der bayerische Innenminister in München per Telefax informiert.

Geis war sich darüber im Klaren, dass dies nicht gerade die feinste Art des Umgangs mit Parteifreunden darstellte. Darum war ihm auch nicht ganz wohl, als Beckstein Anfang August 1998 die Bauarbeiten an der A 3 seinem Amt gemäß mit dem symbolischen ersten Spatenstich offiziell eröffnete. Doch der Innenminister lobte den großen Einsatz des Abgeordneten für die Interessen des Wahlkreises in seiner Ansprache in den höchsten Tönen. Anschließend nahm er Geis beiseite und meinte mit lächelnder Miene: »Du musst zugeben: Dafür, dass ihr mir so in den Arsch getreten habt, habe ich sehr freundlich über dich gesprochen.«

Polizeichef und Quotenkönig

Als Bayern sich der Welt bei den Olympischen Spielen 1972 in München von seiner besten Seite zeigen wollte, ereignete sich eine Tragödie: Die palästinensische Terrorgruppe Schwarzer September nahm elf Athleten der israelischen Mannschaft als Geiseln. Zwei von ihnen wurden sofort getötet, die anderen neun, ein deutscher Polizist und fünf Terroristen kamen bei einem gescheiterten und völlig unzulänglichen Befreiungsversuch der bayerischen Polizisten ums Leben. Der damalige Innenminister Bruno Merk (CSU) bot dem Ministerpräsidenten Alfons Goppel unverzüglich seinen Rücktritt an. Damals habe sich gezeigt, dass die Polizei »nicht nur in Bayern« für solche Einsätze weder ausgerüstet noch ausgebildet gewesen sei, meinte Edmund Stoiber später. Das Olympia-Attentat von München sei der Anlass für den Freistaat gewesen, die Herausforderungen des Terrorismus früher als andere Länder in Deutschland anzunehmen. »Alle Innenminister mussten sich seither verstärkt mit dieser Problematik befassen.«

Dass die Landeshauptstadt des Freistaats schon fünf Jahre vor dem Deutschen Herbst Schauplatz von brutalen Terrorangriffen war, blieb nicht folgenlos. Bayern erarbeitete sich mit großen Anstrengungen einen Kompetenzvorsprung, den seine Politiker regelmäßig in Ermahnungen und unerbetene, aber gute Ratschläge an die anderen Länder und den Bund ummünzten. Der sachliche Grund hierfür ist die auf der Hand liegende Tatsache, dass die Regierung eines einzelnen Bundeslandes die Sicherheit seiner Bürger angesichts des internationalen Terrors nicht allein garantieren kann. So reichen die Aufgaben des Landesinnenministers zwangsläufig über den Freistaat hinaus. Kein anderes Politikfeld bietet der CSU eine so gute Basis, um ihren bundespolitischen Anspruch so unmittelbar zu begründen und zu demonstrieren wie dieses Ressort. Daraus ergab sich für Beckstein die Chance, mit überdurchschnittlichen Leistungen weithin Aufmerksamkeit zu erregen.

Ein Instrument, mit dem sich einmal im Jahr auf das Schönste dokumentieren lässt, wie weit die Länder im Rest der Republik hinter Bayern zurückliegen, ist die Kriminalstatistik. Die letzte, die Beckstein vorlegte, wies für das Jahr 2006 eine Aufklärungsquote von 64,9 Prozent aus. Im Bundesdurchschnitt lag sie bei 55,4 Prozent. Aber Beckstein lag nicht nur im bundesweiten Vergleich vorn, er konnte auch für seine Amtszeit eine positive Entwicklung vermelden. Die Zahl der Straftaten im Freistaat erreichte nämlich im Jahr 2006 den niedrigsten Stand seit 15 Jahren, obwohl die Bevölkerung in demselben Zeitraum um rund 1,5 Millionen Menschen angewachsen war.

Die Bayerische Polizei beschäftigt zirka 32 000 Beamte, davon rund 4600 bei der Kriminalpolizei sowie mehr als 5000 Angestellte und etwa 1300 Arbeiter. Die überwältigende Mehrheit sympathisiert mit der CSU, aber an die Spitze der Gewerkschaft haben die Ordnungshüter den Sozialdemokraten Harald Schneider gestellt. Denn dessen Aussichten, innerhalb des von der CSU beherrschten politischen Apparates Karriere zu machen, sind so begrenzt, dass er die Interessen seiner Kollegen gegenüber dem Innenministerium jederzeit kraftvoll und furchtlos vertreten kann, ohne auf eigene Ambitionen allzu große Rücksicht nehmen zu müssen. Schon zu Beginn der Neunzigerjahre war Schneider Personalrat. Der damalige Innenminister Stoiber habe manche Kollegen bei Versammlungen auf offener Bühne »zur Schnecke gemacht«, berichtet er. Bei Staatssekretär Beckstein sei so etwas undenkbar gewesen. Dieser habe bei den Polizisten von Anfang an als eigenständiger Kopf mit fachlicher Kompetenz und menschlichen Qualitäten gegolten.

Lindt-Schokolade schob der Gewerkschaftsboss dem Minister oft über den Tisch, wenn sie miteinander verhandelten – nicht etwa, um ihn zu beeinflussen, sondern weil er wusste, wie sehr sein Gegenüber Süßes schätzt. Doch auch Beckstein tat mit Nettigkeiten etwas zur allgemeinen Klimapflege – etwa indem er Schneider im Jahr 2006 beim Polizeiball im Nürnberger Messezentrum beiseite nahm, um ihm zu schmeicheln: »Sehen Sie zu, dass Sie in den Landtag kommen, Herr Schneider«, sagte Beckstein dann. »Ich komme mit ihren sozialdemokratischen Kollegen in München nicht zurecht. Die verstehen einfach zu wenig von der Materie.« Aber auch harte Auseinandersetzungen waren keine Seltenheit. »Hundskrüppel« nannte Beckstein die Vertreter der Gewerkschaften dann, und diese werteten das als untrügliches Zeichen seiner Sympathie. Aus Schneiders Sicht hat auch Beckstein seinen Anteil an der Spitzenstellung der bayerischen Polizei im deutschlandweiten Vergleich. Er habe sich innerhalb der Staatsregierung und in vielen Verhandlungen mit dem Finanzminister erfolgreich für eine bessere Ausstattung seiner Leute eingesetzt. Das verbessere nicht nur die objektiven Einsatzmöglichkeiten, sondern auch die Motivation der Leute.

Schleierfahnder

Hinzu kommt ein ganzes Bündel von politisch durchgesetzten Instrumenten, die in manchen anderen Ländern oder im Bund gar nicht angewandt werden dürfen. So führte Bayern als erstes Bundesland Anfang 1995 die sogenannte Schleierfahndung ein: Um die Sicherheitslücke zu schließen, die durch den Abbau der Grenzkontrollen in Europa entstand, wurden Personenkontrollen ohne besonderen Anlass erlaubt. Dabei legt die Polizei gleichsam einen Schleier über einen 30 Kilometer langen Gebietsstreifen entlang der bayerischen Außengrenzen. Außerdem darf sie auf Durchgangstraßen, in Bahnhöfen, Zügen und Flughäfen ohne einen konkreten Verdacht kontrollieren, um die unerlaubte Einreise von Ausländern zu verhindern und die grenzüberschreitende Kriminalität zu bekämpfen. Die Fahndungserfolge ließen Beckstein jubilieren. So wurden beispielsweise jährlich mehr als 150 Drogenkuriere festgesetzt, die sich auf dem Weg von Holland nach Österreich und Italien befanden. Bei Delikten wie Steuerhinterziehung, Nötigung im Straßenverkehr oder der Erstellung von Raubkopien konnte die Anzahl der ermittelten Vergehen teilweise verdoppelt werden. 1994 wurden 14 Schleuserbahnden festgenommen, 1995 waren es schon 30.

»Vor allem gegen untergetauchte Schlepper und illegal eingewanderte Ausländer muss die sogenannte Schleierfahndung nach bayerischem Vorbild in grenznahen Bereichen und auf den Durchgangsstraßen des internationalen Fernverkehrs bundesweit eingeführt werden«, forderte denn auch Anfang 1997 die CSU-Landesgruppe im Deutschen Bundestag zum Abschluss ihrer Klausurtagung im Wildbad Kreuth. Ihr Ansinnen rief zunächst den bayerischen Landesbeauftragten für den Datenschutz und dann die Bundestagsabgeordnete der FDP und Ex-Bundesjustizministerin, Sabine Leutheusser-Schnarrenberger, auf den Plan. Es sei unsäglich, wie die CSU die Überwachung der Bürger ausdehne und die Kontrolle ihrer Tätigkeit ablehne, meinte sie. Beckstein verwies darauf, dass die überwältigende Mehrheit der bayerischen Bevölkerung das Vorgehen der Polizei für richtig halte.

Nachdem die regulären Grenzkontrollen zwischen Deutschland, Österreich und Italien am 1. April 1998 gemäß dem Schengener Abkommen weggefallen waren, ermittelten auch an der Südgrenze des Freistaats Schleierfahnder. Sie nahmen beispielsweise im Jahr 2003 ein hochrangiges Mitglied der italienischen Camorra fest, das von den italienischen Behörden wegen mehrfachen Mordes gesucht wurde. 2006 stellten Beamte derselben Dienststelle mit 100 Kilogramm den größten Heroinfund Bayerns in diesem Jahrzehnt sicher. Mit dem Hinweis auf die bayerische Erfolgsgeschichte setzte der Bundesinnenminister Manfred Kanther (CDU) durch, dass auch der Bundesgrenzschutz Schleierfahnder einsetzen konnte.

Der Ausländerbeirat der Stadt München forderte hingegen

Ende 1999, »dass die für selektive, rassistische, schikanöse und diskriminierende Kontrollen ohne konkreten Verdacht missbrauchte Schleierfahndung abgeschafft wird«. Bei den Kontrollen an Hauptbahnhof, S- und U-Bahnhaltestellen seien am häufigsten ausländisch aussehende Bürger wie Schwarzafrikaner und Asiaten betroffen. Diese fühlten sich dadurch in ihren persönlichen Rechten verletzt. Eine Klage der bayerischen Grünen wies der Bayerische Verfassungsgerichtshof im März 2003 ab. In der Urteilsbegründung hieß es, die Kontrollmaßnahmen stünden im Einklang mit der bayerischen Verfassung und wahrten den Grundsatz der Verhältnismäßigkeit.

Klare Kante nach außen

Als Beckstein im Jahr 1993 Innenminister wurde, wusste er, dass sich damit über die Pflege der konservativen Stammwählerschaft hinaus eine besondere Mission verband. Dieses Amt ist dazu prädestiniert, der klassischen Forderung von Strauß gerecht zu werden: »Rechts von der CSU darf es keine demokratisch legitimierte Partei geben.« Genau dies war seit 1986 das Problem. Bei den Landtagswahlen in Bayern erzielten die Republikaner nämlich mit drei Prozent ein Ergebnis, mit dem sie aus den Werten der normalen Splitterparteien schon herausragten. Bei der Europawahl im Jahr 1989 kam Franz Schönhubers Truppe deutschlandweit auf mehr als sieben Prozent, in Bayern sogar auf 14,6 Prozent. 1990 verpassten die rechten Extremisten den Einzug ins Maximilianeum mit 4,9 Prozent nur knapp.

Ihr wichtigstes Thema, der ungehinderte Zustrom von Flüchtlingen aus aller Welt, wurde ihnen mit der Änderung des Asylrechts genommen, das der Deutsche Bundestag 1993 mit der Zweidrittel-Mehrheit von Union, SPD und FDP und gegen die Stimmen der Grünen verabschiedete. Die sogenannte Drittstaatenregelung erlaubt es seitdem, Asylbewerber, die über ein sicheres anderes Land eingereist sind, umgehend zurückzuschicken. Denn ihr Asylgesuch hätten sie genauso gut dort stellen können. Außerdem wurde eine Liste mit sicheren Herkunftsländern beschlossen, in denen es nach übereinstimmender Ansicht von Experten keine aktuelle politische Verfolgung gibt. Solche »offensichtlich unbegründeten« Anträge werden schon vor der eigentlichen Einreise auf dem Flughafen in einem Eilverfahren geprüft – und gegebenenfalls abgelehnt.

Als Innenminister Beckstein im Juni 1994 das Bundesamt für die Anerkennung ausländischer Flüchtlinge in Nürnberg besuchte, berichtete man ihm, dass die Behörde jetzt nicht mehr wie früher 40 000 Flüchtlinge im Monat registriere, sondern nur noch 9000. »Der Staat hat Handlungsfähigkeit bewiesen. Gerade rechtsradikalen Parteien wurde ein wichtiges Thema genommen«, stellte der Besucher aus München fest – und dachte dabei frohgemut an die im September bevorstehenden Landtagswahlen. Tatsächlich fielen die Republikaner auf 3,9 Prozent zurück. Vier Jahre später erhielten sie 3,6 Prozent, im Jahr 2002 nur noch 2,2 Prozent. Dieser kontinuierliche Schrumpfprozess ist in erster Linie darauf zurückzuführen, dass Union, SPD und FDP mit sichtlichem Erfolg gegen ein Problem vorgingen, dem die Republikaner ihre Wahlerfolge verdankten. Im Laufe der Neunzigerjahre sank die Zahl der Asylbewerber um rund 70 Prozent. Beckstein erhob den Anspruch, dass Bayern das Gesetz konsequenter umsetze als alle anderen Bundesländer. Damit den Bürgern dies auch auffiel, machte seine Pressestelle die Journalisten dann und wann so rechtzeitig auf Abschiebungen aufmerksam, dass sie ein großes öffentliches Echo fanden. Beckstein selbst begründet dieses Vorgehen mit der abschreckenden Wirkung. Eine einzige öffentlich wahrnehmbare Abschiebung habe ihm zwanzig andere erspart. Denn wer davon gehört habe und zur Ausreise verpflichtet gewesen sei, habe sie dann doch lieber freiwillig angetreten.

Gleichzeitig wies er regelmäßig darauf hin, dass das Flüchtlingsproblem keineswegs gelöst und der Bonner Asylkompromiss unzureichend sei. Tatsächlich landete in den Neunzigerjahren immer noch fast die Hälfte der Flüchtlinge, die in die Europäische Union wollten, in Deutschland. Vor diesem Hintergrund ging dem bayerischen Innenminister beispielsweise die Regelung, dass Asylbewerber im ersten Jahr ihres Aufenthalts in Deutschland anstelle von Geld nur Sachleistungen bekamen, nicht weit genug. Er wollte Essenspakete und Versorgungsgutscheine unbefristet ausgeben, weil das Wissen darum, dass es im zweiten Jahr Geld gebe, zu Verzögerungen des Verfahrens führe. »Denn die Sozialhilfe hier ist höher als das Einkommen eines Oberarztes in Pakistan.« Das kam auf der einen Seite des politischen Spektrums gut an, auf der anderen musste Beckstein sich dafür als »Stoibers Rechtsausleger« titulieren lassen.

So macht man sich keine Freunde. Während Beckstein das Gesetz in Bonn als unzureichend bemängelte, verteidigte er seine Grundlinie in Bayern gegen die Kritiker, denen es viel zu weit ging. So hob er beispielsweise hervor, dass es die Bedingungen für tatsächlich Verfolgte verbessert habe. Die Anerkennungsquote lag 1992 bei zwei, im Jahr 1999 bei rund neun Prozent. Außerdem wurde das Verfahren erheblich beschleunigt.

Gotteshaus als Zufluchtsort

Die Kehrseite der Medaille war die konsequente Abschiebung von abgelehnten Asylbewerbern durch die bayerischen Ausländerbehörden. Sie führte dazu, dass vom Frühjahr 1994 an zahlreiche katholische und evangelische Gemeinden einzelnen Flüchtlingen Zuflucht boten vor dem Zugriff der Polizei. Auf diese Weise verhinderten sie die rechtmäßige Abschiebung. 1999 lebten in Bayern 45 Personen in einem Kirchenasyl, vier von ihnen hatten zu diesem Zeitpunkt schon vier Jahre dort verbracht. Die Gemeinden setzten darauf, dass die Staatsmacht es nicht wagen würde, die Würde des Gotteshauses durch die Festnahme eines Flüchtlings zu verletzen. So erklärte Beckstein beispielsweise im Juni 1996: »Dass wir mit Polizei in kirchliche Räume hineingehen, halte ich für unverhältnismäßig.«

Große Aufmerksamkeit erregte deshalb der spektakuläre Fall des Togoers Bilakinam Solona Saguintaah. Ihn nahm die Adventgemeinde im oberfränkischen Wunsiedel im März 1996 auf, nachdem das Bundesamt seinen ersten Asylantrag schon Anfang 1995 abgelehnt hatte. Das Verwaltungsgericht Bayreuth bestätigte diese Entscheidung ebenso wie der Bayerische Verwaltungsgerichtshof. Auch ein Asylfolgeantrag wurde negativ beschieden. Die Klagen dagegen blieben ebenfalls ohne Erfolg. Nun lebte der Mann in einem umgebauten Wohnhaus, das von außen durch die Leuchtschrift klar als Gebäude der evangelischen Adventgemeinde zu erkennen war. Das Erdgeschoss im Innern hatte man zu einem Gottesdienstraum herrichten lassen. Dessen Eingang lag direkt hinter der Haustür. Diese öffnete der Achtundzwanzigjährige, als es am Abend des 3. September 1996 klingelte. Als er die Polizei erblickte, versuchte er vergeblich, über die Treppe hinauf in den ersten Stock zu fliehen. Die Beamten nahmen ihn fest und führten ihn in Handschellen ab. Zwei Tage später wurde Saguintaah vom Flughafen München aus nach Togo abgeschoben.

Beckstein musste heftige Kritik über sich ergehen lassen. Hermann von Loewenich, vom Nürnberger Pfarrer inzwischen zum Landesbischof aufgestiegen und ein Freund der Familie, zeigte sich sehr enttäuscht, dass Beckstein seine Zusage nicht eingehalten habe, das Kirchenasyl zu respektieren. Die SPD-Landtagsfraktion meinte, Beckstein müsse zurücktreten, »wenn er als Mensch, Christ und Politiker noch einen Funken Anstand im Leib hat«. Die Grünen nannten es einen Skandal, dass sich die bayerische Staatsregierung über einen Beschluss des Petitionsausschusses im Landtag hinweggesetzt habe. Danach seien Abschiebungen nach Togo zunächst vom Auswärtigen Amt zu überprüfen. Die Gemeinde in Wunsiedel fürchtete um das Leben ihres Schützlings, und die Bundesarbeitsgemeinschaft Pro Asyl erkannte in dem Vorgang »die rücksichtslose Provokation und das bayerische Muskelspiel eines autoritären Obrigkeitsstaates, der den Respekt vor der Gewissensentscheidung seiner Bürger und die Achtung für gefährdete Menschen immer mehr verliert«.

»Alles war falsch«

Das Innenministerium antwortete, es betrachte den Schutz, der dem Togoer gewährt worden sei, nicht als Kirchenasyl, da das Haus, in dem er festgenommen worden sei, zwar über einen

Betraum verfüge, aber keine Kirche sei. Im Übrigen gebe es das Kirchenasyl als Rechtsinstitut ohnehin nicht. Beckstein selbst verteidigte das Vorgehen der vom Landratsamt beauftragten Polizei mit den Worten: »Ich kann mir nicht vorstellen, dass ein Reihenmittelhaus mit einem Schild ›Kirchenasyl‹ an der Klingel unter den Begriff Kirche fallen soll.« Nach katholischem Verständnis befinde man sich in einem sakralen Raum, wenn dort das Ewige Licht brenne. Die Protestanten hätten es da schwerer. Auf einen Streit über die Definition eines sakralen Raumes wollte sich Beckstein aber nicht einlassen. Denn er betrachtete das Kirchenasyl, wie die weit überwiegende Mehrheit der Juristen, grundsätzlich als einen Rechtsbruch, der nur in einer Diktatur angemessen sei. »Ein freiheitlicher Staat, der das hinnimmt, gibt sich selbst auf.« Das Kirchenasyl verletze außerdem eine breite Mehrheit von Christen in ihrem Rechtsempfinden und schade dem Ansehen der Kirche. In manchen Gemeinden sei eine Polarisierung zu spüren, die von dem Auftrag, die christliche Botschaft zu verkünden, nur ablenke.

Im Fall Saguintaah kamen Beckstein die Fakten zu Hilfe: Wenige Tage nach der Abschiebung teilte das Auswärtige Amt in Bonn mit, der abgeschobene Asylbewerber habe in seiner Heimat nichts zu befürchten. Staatspräsident Eyadema habe sich gegenüber dem deutschen Botschafter Dieter Simon in Togo für die Sicherheit des Achtundzwanzigjährigen verbürgt. Diese Zusage war allerdings nur von begrenztem Wert, denn Eyadema galt als Diktator. Doch der Botschafter berichtete dem Evangelischen Pressedienst von einem Gespräch, an dem nicht nur er selbst, Eyadema und Saguintaah teilgenommen hätten, sondern auch dessen Vater – der Mann also, der nach den Angaben seines Sohnes schon seit zehn Jahren tot war.

Der evangelische Pfarrer in Wunsiedel bestätigte nach einem Telefongespräch mit dem Achtundzwanzigjährigen: »Er scheint tatsächlich seinen Vater getroffen zu haben.« Allerdings habe er »unter großer Angst gestanden«. Auch wenn nun Widersprüchlichkeiten auftreten sollten, ändere dies nichts an seiner Bewertung der Menschenrechtslage in Togo. Botschafter Simon sagte, der Achtundzwanzigjährige habe nach eigenem Bekunden in Deutschland sein Glück machen wollen. Ein paar Tage später berichtete die Botschaft den *Nürnberger Nachrichten*: »Wir haben zu Herrn Solona Kontakt. Er lebt bei seinem Vater in der Hauptstadt Lomé. Es geht ihm wie auch dem Vater gut.« Die Landtagsfraktion der Grünen beharrte dennoch: »Fakt bleibt, dass der Innenminister das Kirchenasyl verletzt und damit sein Wort gebrochen hat.« Damit habe er »den Tod des Flüchtlings billigend in Kauf genommen«. Dass es anders gekommen sei und Eyadema sich mit Saguintaah getroffen habe, sei allein das Verdienst der lautstarken Proteste in Bayern. Ob der Flüchtling auch langfristig sicher in Togo leben könne, sei völlig ungewiss. »Denn auf Versprechungen eines Diktators ist mindestens ebenso wenig Verlass wie auf die des bayerischen Innenministers.«

Im März 1997 zeigte das Zweite Deutsche Fernsehen Saguintaah, unter einem Baum vor dem Haus seiner Schwester in Togo sitzend. Er blickt in die Kamera und sagt: »Nichts, was ich in Deutschland gesagt habe, ist wahr gewesen. Alles war falsch.« Ein halbes Jahr später ist er wieder da. Diesmal stellt er in Bayreuth einen Antrag auf Asyl – der abermals geprüft werden muss. Saguintaah und seine Unterstützer lassen verlauten, dass das ZDF ihn vor dem Interview unter Druck gesetzt habe. Danach sei die Bedrohung durch das Regime so angewachsen, dass er ein zweites Mal zur Flucht gezwungen gewesen sei. Winfried Schnurbus, der Redakteur des ZDF, widerlegt die Vorwürfe jedoch und kann beweisen, dass er dem Togoer sogar mit Geld ausgeholfen hat. Im Februar 1998 wird dieser nach Frankreich abgeschoben, in das »sichere Drittland«, über das er eingereist ist.

Der Fall Saguintaah schien dazu angetan, das Ansehen der Grünen, der Kirchengemeinden und der Flüchtlingsorganisationen, die sich ohne Ansehen der Person und ihres Falles grundsätzlich gegen Abschiebungen wandten, bundesweit und nachhaltig zu diskreditieren. Doch eine solche Wirkung war in der Öffentlichkeit nicht erkennbar. Becksteins Image hingegen blieb über Jahre hinweg unverändert das des Hardliners. Und er tat nichts, um dieses Bild zu korrigieren – im Gegenteil. »Ich bin lieber ein Hardliner für Recht und Ordnung als ein Weichei für Unrecht und Unordnung.«

Harte Linie, weicher Kern

Die »sehr harte Linie« des Innenministers habe nicht dem entsprochen, »was er in seinem tiefsten Innern« für richtig gehalten habe, meint im Rückblick die Politikerin der Grünen, Christine Scheel. Bevor sie Ende 1994 in den Bundestag wechselte, zählte sie zu den führenden Figuren der grünen Fraktion im Münchner Maximilianeum und kreuzte dort schon mit dem Innenminister Stoiber die Klingen. Beckstein habe die bitteren Schicksale von Flüchtlingen nicht an sich herangelassen. Die sich ihm bietenden Spielräume habe er nicht genutzt. Denn er habe Präzedenzfälle vermeiden wollen, die das gesamte System in Frage gestellt hätten. »Er hatte immer Angst, dass ihm die Sachen wegrutschen.« Seinen inneren Zwiespalt habe der Minister als Jurist überbrückt, der damit leben könne, dass persönliche Überzeugungen und rechtmäßiges Handeln oft nicht dasselbe seien.

Ähnlich schätzt die CSU-Politikerin Ursula Männle, die Beckstein seit den Zeiten der Jungen Union kennt, die Dinge ein. »Rollenhandeln« nennt sie seine Amtsführung. Er habe genau die Politik betrieben, die man gerade in der CSU von einem Innenminister erwarte. Allerdings weiß Männle im Unterschied zu Scheel von Einzelfällen zu berichten, in denen Beckstein sich sehr wohl zu raschen humanen Lösungen bereit gefunden habe – »wenn er sicher sein konnte, dass das nicht an die große Glocke gehängt wurde«. Auch der evangelische Landesbischof Johannes Friedrich, der Beckstein schon in seinem früheren Amt als

Nürnberger Dekan regelmäßig traf, bescheinigt ihm, in Einzelfällen oft geholfen zu haben, wenn er sicher gewesen sei, dass daraus kein Präzedenzfall würde.

Dies bestätigt auch Franz Maget, der Vorsitzende der SPD-Landtagsfraktion. Er hatte mit zahllosen Anträgen abgelehnter Asylbewerber zu tun, als er sich zu Beginn seiner Zeit im Parlament der Arbeit im Petitionsausschuss unterziehen musste. Anliegen, in denen das Innenministerium eine ablehnende Stellungnahme empfahl, wurden nach Magets Schilderung von der CSU-Mehrheit grundsätzlich zurückgewiesen. Darum habe er mit Becksteins Beamten eine Verabredung gehabt: Danach wurden Fälle, in denen Maget den Petenten unbedingt nachgeben wollte, gar nicht erst auf die Tagesordnung gesetzt und nur informell besprochen. Niemals hätten die Beamten sich auf ein solches Verfahren eingelassen, wenn sie dafür nicht die Rückendeckung ihres Chefs gehabt hätten, sagt der SPD-Politiker. Dies ändere aber nichts daran, dass Beckstein grundsätzlich »zu hundert Prozent auf CSU-Linie« gelegen habe.

Beckstein selbst bereitet die Unterscheidung zwischen persönlichem Empfinden und den Aufgaben des Innenministers keine Probleme. Er führt regelmäßig die Zwei-Reiche-Lehre seiner Kirche ins Feld: »Wenn beispielsweise bei einem Pfarrer ein Mann klingelt, der sich als obdachlos ausgibt und um Geld bettelt, schaut der Pfarrer, ob er was hat, obwohl er dabei in neun von zehn Fällen ausgeschmiert wird. Ich als Innenminister gäbe dem Mann kein Geld. Wenn ich das täte, würde ich nicht Recht und Ordnung voranbringen, sondern ich würde die Raffinierten belohnen, die den Staat ausschmieren.«

Wie die Wahlen und Umfrageergebnisse zeigten, gelang es Beckstein mit seiner im Prinzip sehr konsequenten Verwirklichung des Bonner Asylkompromisses tatsächlich, rechts der politischen Mitte zu punkten. Auf der anderen Seite bedeutete es für die C-Partei eine Belastung, dauerhaft mit beiden großen Kirchen in einen Konflikt verwickelt zu sein, den deren Repräsentanten sehr ernst nahmen und der durch die Berichterstattung der Medien über spektakuläre Einzelfälle permanent öffentliche Aufmerksamkeit erregte. Die Flüchtlinge, die in Gotteshäusern Zuflucht fanden, nahmen die Rolle von Märtyrern ein, die vor dem Staat beschützt werden müssten. Dieser Zustand hielt in vielen Fällen jahrelang an – ebenso wie die Berichterstattung, die oft emotional geprägt war, weil es um ein menschliches Schicksal ging, das jenseits aller rechtlichen Erwägungen Anteilnahme auslöste. So erklärt es sich, dass oft genug auch Bürgermeister aus den Reihen der CSU sich bei ihrem Parteifreund im Innenministerium für Schützlinge ihrer Kirchengemeinde einsetzten.

Vor diesem Hintergrund ersann Beckstein im Sommer 1995 das Prinzip des Kirchenkontingents. Danach sollten auch Flüchtlinge, die nach dem geltenden Recht abzuschieben wären, eine Aufenthaltserlaubnis bekommen, wenn die Kirchen dies ausdrücklich wünschten. Dazu sollte nicht jede einzelne Gemeinde, sondern die jeweils höchste Autorität der evangelischen und der katholischen Kirche dem Staat mitteilen, wessen Aufenthalt sie für erforderlich hielten. Beckstein dachte an etwa 1000 Personen im Jahr. »Ich will, dass gutwillige Menschen, die sich zur Aufnahme von Menschen, die aus ihrer Sicht in Not sind, bereit finden und Nächstenliebe üben wollen, dies im Rahmen der Gesetze tun können«, erklärte er. »Ein wichtiger Pfeiler meines Vorschlags für die Schaffung eines solchen Kirchenkontingents ist die vollständige Übernahme aller dadurch entstehenden Kosten durch die Kirchen. Humanität kann nicht darin bestehen, an den längst an der Grenze seiner Leistungsfähigkeit angelangten Sozialstaat immer neue Forderungen zu richten. Humanität heißt vielmehr eigene Opfer – und das heißt auch finanzielle – zu bringen. Deshalb meine ich, dass es in Ordnung ist, wenn die Kirchen die Kosten für Personen übernehmen, die ausschließlich auf ihre Initiative hier in Deutschland bleiben sollen.«

Die katholische Kirche reagierte von Anfang an sehr skeptisch. Die Vorschläge seien in Form und Inhalt in hohem Maße diskussionsbedürftig und angesichts der Rechtslage äußerst vage, hieß es in einer ersten Stellungnahme des katholischen Büros im Juli. Nicht nur die Kirche, auch der Staat sei zur Hilfe gegenüber Personen verpflichtet, die in ihren Menschenrechten beeinträchtigt seien. Dieser Verantwortung könne er sich nicht entziehen. Der Vorsitzende der Bischofskonferenz und Erzbischof von München und Freising, Friedrich Kardinal Wetter, sagte, Kirchenkontingente widersprächen der Verfassung, weil der Rechtsstaat keinen rechtsfreien Raum eröffnen könne. Außerdem sei ein Kontingent von vornherein auf eine bestimmte Anzahl von Menschen beschränkt. Damit werde das Problem nur verschoben. Der Kardinal betonte, finanzielle Überlegungen hätten bei dem Votum der sieben bayerischen Bischöfe keine Rolle gespielt. Er pochte auf eine menschlich vertretbare Regelung von Härtefällen. Dies sei aber eine Angelegenheit des Staates, die nicht quasi privatisiert werden dürfe.

Der evangelische Landesbischof von Loewenich erkannte in dem Vorschlag das Eingeständnis, dass es Härtefälle gebe, für die sich Christen mit gutem Recht einsetzten. Es könne aber nicht die Aufgabe der Kirche sein, darüber zu entscheiden, wer bleiben könne und wer nicht. Der Sprecher der Evangelischen Kirche Deutschlands sprach von einem »Deckmantel für die Schwächen des Asylrechts«. Die Kosten seien für die EKD »völlig sekundär«. Ministerpräsident Stoiber nannte den Vorschlag seines Innenministers »ein Stück Kreativität der Staatsregierung«. Die Reaktionen bewertete er vor der Landtagspresse mit den Worten: »Die Kirchen sind immer sehr schnell mit ihren Forderungen.« Es zeige sich aber, dass es einfacher sei, vom Staat etwas zu verlangen, als selber Verantwortung zu übernehmen.

Dieter Haack, Präsident der Evangelischen Landessynode und langjähriger SPD-Politiker, war von dieser Position nicht weit entfernt. Er sprach sich dafür aus, über Becksteins Vorschlag zu reden. Mit Blick auf den Fall Saguintaah wunderte es ihn, dass ausgerechnet jene Unterstützerkreise, die für die Aufnahme von Flüchtlingen in ein Kirchenasyl gekämpft hätten, die Kontingente von vornherein ablehnten. Die Diskussion darüber begleitete die Auseinandersetzungen über die Asylpolitik in Bayern jahrelang, ohne Konsequenzen zu zeitigen.

Leiden unter der Kirche

Als Beckstein 1996 von den 89 gewählten Synodalen ins Kirchenparlament berufen wurde, löste dies wegen der Auseinandersetzung um seine Asylpolitik bei vielen Gläubigen heftige Proteste aus. Auch Stoiber riet ihm, die Berufung nicht anzunehmen, um sich weitere, noch größere Konflikte zu ersparen, drang aber damit nicht durch. Die Tagungen finden zweimal im Jahr statt und dauern eine knappe Woche. Entgegen den Erwartungen habe Beckstein an fast allen Synoden vom ersten bis zum letzten Tag teilgenommen, berichtet Johannes Friedrich, der 1999 die Nachfolge Loewenichs als Landesbischof antrat. Insbesondere im Ausschuss für Gesellschaft und Diakonie musste Beckstein kontroverse Auseinandersetzungen aushalten. Abstimmungen gingen in der Regel mit 12:1 Stimmen aus. Das hielt den Innenminister allerdings nicht davon ab, die Debatten mit seinen Kontrahenten bei Wein und Bier bis tief in die Nacht hinein in irgendeinem Hotelzimmer auf dem Boden sitzend fortzusetzen. Becksteins Umgang mit seinen Kritikern habe im Laufe der Jahre bei den Synodalen zu einem »Sinneswandel« geführt, sodass es bei seiner zweiten Berufung in die Synode im Jahr 2003 »eigentlich fast keine Kritik mehr« gegeben habe, sagt Friedrich. Die Formulierung lässt erahnen, wie das Meinungsbild sich 1996 dargestellt haben muss.

Beispiellos ist der Vorgang, der sich am Ostersonntag des Jahres 1997 in der berühmten Nürnberger Kirche Sankt Sebald abspielt. Friedrich, damals noch Stadtdekan, predigt über die Konsequenzen der Auferstehung »für unser Leben und Handeln heute und jetzt«. Er zählt zum Beispiel die Teilnahme am Ostermarsch dazu, aber auch den Einsatz dafür, dass Ausländer in Stadt und Land menschlich leben könnten. Daran knüpft er laut Manuskript mit den Worten an: »Von daher ist es, um ein aktuelles Beispiel zu benennen, mir und manchen anderen Christen unverständlich, wie eine christlich geführte Staatsregierung die sicherlich notwendige Abschiebung von bosnischen Flüchtlingen in der vergangenen Woche in einer Art und Weise durchgeführt hat, die vielen nicht als sehr menschlich erscheint. Dabei weiß ich: Diese Staatsregierung hat mehr Bosnier aufgenommen als alle anderen europäischen Staaten. Und diese Bosnier müssen unser Land auch wieder verlassen – gerade dann, wenn unsere Bevölkerung auch bei der nächsten Katastrophe aufnahmebereit bleiben soll. Aber eine Verhaftung mitten in der Nacht, unangekündigt, eine Verhaftung, mit der man in Nürnberg auch trotz Ausreiseaufforderung nicht rechnen musste, da hier bisher anders verfahren wurde, eine Abschiebung, die nicht einmal Zeit lässt, das Notwendigste an Handgepäck mitzunehmen – die erinnert doch sehr an dunkle Zeiten. Ich muss gestehen, dass ich, der ich bisher die Bosnienpolitik des Innenministers im Grundsatz verteidigt habe, über dieses Verfahren sehr erschrocken bin. Und ich denke, wir Christen müssen unseren Mund sofort aufmachen, wenn in unserer Gesellschaft Dinge geschehen, die nicht lebensfördernd sind, damit unser aller Gefühl erhalten bleibt dafür, was geht und was nicht sein darf.«

Am Dienstag nach Ostern erscheint die *Abendzeitung* in Nürnberg mit einem Aufmacher unter der Überschrift »Dekan kanzelt Beckstein ab«. Den Geistlichen trifft der Schlag. Er ruft Beckstein an und versichert ihm, dass er ihn keineswegs habe abkanzeln wollen und diese Schlagzeile ihm Leid tue. Beckstein zeigt sich sehr getroffen. Die beiden verabreden sich zu einem Gespräch in

Nürnberg, in dem der Politiker dem Dekan die Nacht-und-Nebel-Aktion erläutert. Er schlägt vor, dass Friedrich ihn künftig in solchen Fällen anrufen möge, bevor er mit seiner Kritik an die Öffentlichkeit gehe, und gibt ihm eine Handy-Nummer, unter der er rund um die Uhr erreichbar sei. Auf eine öffentliche Reaktion hat der Innenminister damals verzichtet, auch wenn er, wie Friedrich glaubt, sehr unter dem Gefühl litt, unfair von seiner Kirche behandelt worden zu sein.

»Auch Jesus abschieben«

Zutiefst verletzt hat ihn auch das Plakat, mit dem die Grünen im Juli 1998 in die Wahlen in Bund und Land zogen. »Beckstein würde auch Jesus abschieben« lautete der Slogan, der die innerhalb der Kirchen geäußerte Kritik an der Politik des Innenministers aufgreifen sollte. Doch die führenden Vertreter der beiden Konfessionen durchschauten das Manöver. Der Sprecher des Erzbischöflichen Ordinariats in München nannte es gar »unsäglich dumm«. Der Präsident der Synode, Haack forderte die Grünen auf, das Plakat zurückzuziehen. Die so genannten kirchlichen Basisgruppen reagierten auf diese Äußerungen in großer Schärfe. Die CSU schlachte seit Jahrzehnten den Namen Christi parteipolitisch aus, ohne dass dies je einen Kirchenoberen gestört hätte, hieß es beim Ökumenischen Netz in München. »Kaum aber nehmen die Grünen den Namen Jesus auf ihr Plakat, jaulen die Kirchenfunktionäre auf, als wären sie selbst die Getroffenen.«

Beckstein selbst nannte das Plakat blasphemisch und gemein. »Für mich als überzeugten Christen steht Gott turmhoch über meiner Frau, dem Ministerpräsidenten und allem anderen. Wer das Allerheiligste des anderen in Zweifel zieht, hat hier Grenzen überschritten.« In einem Hintergrundgespräch fügte er hinzu, sich nicht auf das Niveau seiner Kritiker begeben zu wollen. Darum verwende er auch den Konter nicht, der ihm dazu einfalle: »Die Grünen würden auch Jesus abtreiben.« Dann fügte er hinzu, mit diesem Satz wolle er keinesfalls zitiert werden. Der Evangelische Pressedienst hat es doch getan. Dies berichteten wiederum ein paar Tage später die *Nürnberger Nachrichten.*

In einem Brief bat Beckstein die Synodale Christine Scheel, sich bei den Grünen dafür einzusetzen, dass das Plakat nicht mehr gegen ihn eingesetzt werde. Seine eigene Partei kündigte an, alle Diskussionsveranstaltungen, in denen gemeinsame Auftritte von Unionspolitikern und Vertretern der Grünen vorgesehen gewesen seien, zu boykottieren. Ruth Paulig, die Landesvorsitzende der Grünen, teilte dem Fraktionsvorsitzenden der CSU, Alois Glück, in einem Brief mit, das Plakat werde nicht zurückgezogen. Nicht diese Aktion sei der Skandal, sondern die »inhumane Flüchtlings- und Ausländerpolitik der CSU«. Dafür sei nun einmal der Innenminister verantwortlich. Jesus stehe als Synonym für die Schwachen und Ausgegrenzten. Den Boykott von Diskussionsveranstaltungen durchbrachen schon nach ein paar Wochen immer mehr Unionspolitiker. Ein Parteiausschlussverfahren sehe die Satzung für solche Fälle nicht vor, sagte der Vorsitzende Theo Waigel. Unterdessen stellten die Grünen in Nürnberg »wegen Volksverhetzung« Strafanzeige gegen Beckstein und den CSU-Landtagsabgeordneten Markus Söder. Die Union hatte für eine Veranstaltung mit den beiden Plakate geklebt, auf denen es hieß: »Null Toleranz für Verbrechen – für eine Begrenzung der Zuwanderung«. Dies sei ein neuer trauriger Höhepunkt im Bemühen der CSU, den Republikanern und der DVU den rechten Rand des politischen Spektrums streitig zu machen.

Mehmet

»Wollen Sie nicht etwas unternehmen, damit Ihr Sohn später im Leben eine Chance hat?« Im Jahr 1994 schreibt der Direktor einer Grundschule in der Münchner Hochhaussiedlung Neuperlach an die seit drei Jahrzehnten dort lebenden türkischen Eltern des neunjährigen Muhlis A. Diese reagieren mit Beleidigungen und drohen mit dem Rechtsanwalt. Denn sie glauben, dass ihr Sohn ein guter Junge sei, den seine feindselige Umgebung permanent schikaniere. Eine Psychologin der Arbeiterwohlfahrt meint, die Mutter sei das eigentliche Problem. Das Familienzentrum Neuperlach führt die Verhaltensstörungen des Kindes darauf zurück, dass die Eltern ihn extrem verwöhnten.

So beginnt die Geschichte, deren Hauptfigur aus Gründen des Datenschutzes »Mehmet« genannt und unter diesem Namen in ganz Deutschland bekannt wird. Schon als Siebenjähriger terrorisiert Mehmet seine Schulkameraden. Nachmittags begeht er Ladendiebstähle und Wohnungseinbrüche. Vier Heime werfen ihn wegen Raubes, Diebstahl und Körperverletzung schon nach kurzer Zeit wieder hinaus. Aus seinem Sportverein wird er ausgeschlossen, weil er einem Jungen das Nasenbein gebrochen hat. In einem Jugendzentrum in Neuperlach traktiert er einen Diplomsozialpädagogen derart, dass dieser schon fürchtet, ihm werde das Genick gebrochen. Der Polizei sagt er, es mache ihm nichts aus, wenn ein Krankenwagen seine Opfer abholen müsse. »Wenn ich schon schlage, dann gescheit.« Den Vernehmungsprotokollen zufolge ruft er aus Spaß gelegentlich »Heil Hitler« und erklärt den Beamten, dass er noch keine 14 Jahre alt und darum nicht strafmündig sei.

Die Eltern quittieren solche Auftritte mit Achselzucken. 1996 lädt die Münchner Verwaltung die Mutter vor. Auf weitere Vorkommnisse will sie mit »ausländerbehördlichen Maßnahmen« reagieren. Ihrem Sohn werden im Alter von 13 Jahren 61 Straftaten zur Last gelegt, darunter gefährliche Körperverletzung in mehreren Fällen, Raub, Erpressung und Einbruchdiebstahl. Wegen der Gefährdung seiner Mitschüler ist Mehmet auf Dauer von der Schule ausgeschlossen worden. Er wird von montags bis freitags durch einen Privatlehrer und einen Sozialpädagogen betreut. Das Münchner Jugendamt beziffert die Kosten mit 280 Mark pro Tag.

Im Juni 1997 beantragt der Kreisverwaltungsreferent Hans-Peter Uhl, in dieser Position ein Nachfolger von Peter Gauweiler und heute Bundestagsabgeordneter der CSU, in einer Ausschusssitzung, »mit Augenmaß den Aufenthalt krimineller Ausländer zur Wahrung der öffentlichen Sicherheit und Ordnung zu beenden«. Seinem Antrag fügt er eine Liste mit den Namen jugendlicher Serienstraftäter bei, auf der auch der Name Mulis A. steht. Beschlossen wird allerdings ein Änderungsantrag der SPD, der die Ausweisung auf berechtigte Einzelfälle beschränkt. In einem Round-Table-Verfahren wird später Mehmets Fall als erster ausgewählt.

Da dessen Aufenthalt aber nicht beendet werden kann, solange seine Eltern sich rechtmäßig in Deutschland aufhalten, begibt der Referent sich im April 1998 auf juristisches Glatteis: Er verfügt die Ausweisung für alle drei Familienmitglieder. Den Eltern wirft er vor, ihre Aufsichtspflicht über Jahre hinweg grob verletzt zu haben. Mehmet selbst ist aus Uhls Sicht auch »für einen Mord gut«. Bis zum 21. Juli sollen die drei ausreisen.

Beckstein sagt Uhl seine »volle Unterstützung« zu. Aus seiner Sicht zeigt der Fall, dass die Gesetze nicht ausreichten, um die Bürger vor minderjährigen Gewalttätern zu schützen. Über die Brisanz des Falles ist er sich im Klaren. Um die offensichtliche Rechtsunsicherheit ausräumen zu lassen, geht die Staatsregierung mit einer eigenen Gesetzesinitiative in den Bundesrat: Auch kriminelle, aber strafunmündige Kinder unter vierzehn Jahren sollen gemeinsam mit ihren Eltern abgeschoben werden können, wenn denen ihr Versagen als Erzieher nachzuweisen ist. Die Grünen werfen der CSU vor, an Mehmet ein Exempel statuieren zu wollen und dabei die im September 1998 stattfindenden Wahlen zu Landtag und Bundestag im Auge zu haben. Die Kritik ist sicher nicht so »an den Haaren herbeigezogen«, wie Beckstein behauptet, übersieht aber, dass Uhls Vorstoß im Jahr 1997 von der SPD trotz leichter Einschränkungen mitgetragen wurde.

Herausforderung für Ude und Koch

Der Ausländerbeirat sieht darin eine »beispiellose und gefährliche Diffamierung«, die den Weg für eine »massenhafte Abschiebung« ebnen solle. »Diese Hetzkampagne gegen Ausländer muss gestoppt werden.« Der Vizepräsident des Deutschen Bundestages, Burkhard Hirsch (FDP), spricht von »Sippenhaft«, ebenso seine liberale Parteifreundin, die Ausländerbeauftragte der Bundesregierung, Cornelia Schmalz-Jacobsen (FDP). Sie meint, der Junge sei zwar »ein schlimmes Früchtchen«, der »einiges auf dem Kerbholz« habe. Für eine Familienausweisung gebe es aber keine rechtliche Grundlage. Auch in der Münchner Verwaltung bricht offener Streit aus. Im Sozialreferat heißt es, durch »intensive sozialpädagogische Einzelbetreuung« sei es gelungen, der Familie eine neue Perspektive zu geben. Der Leiter des Jugendamts stellt für Mehmet »mit Vorsicht eine positive Gesamtprognose«. Im Mai beantragt er für seinen Schützling einen Italienurlaub, der dem »Training von Gruppenverhalten« dienen und von einem freien Träger finanziert werden soll. Erst nach heftigen Protesten rückt er von dem Plan wieder ab. Der sozialdemokratische Oberbürgermeister Christian Ude hält sich bedeckt – bis Mehmet Anfang Juli 1998 mit einer Dachlatte zuschlägt, um an das Geld eines Neunzehnjährigen heranzukommen. Jetzt wird es eng für ihn. Denn zu diesem Zeitpunkt ist er vierzehn Jahre alt, und das Jugendstrafrecht kommt zum Zuge.

»Ich befürworte die Ausweisung dieses jungen Serientäters, weil alle Versuche der Erziehung und Besserung bis hin zur intensiven Einzelbetreuung offenkundig versagt haben und eine positive Sozialprognose nicht gestellt werden kann«, sagt Ude. Er bedauert, dass in der Öffentlichkeit immer nur über Mehmet diskutiert werde. In Wirklichkeit gehe es um das Problem der bundesweit wachsenden Jugendkriminalität. Die *Süddeutsche Zeitung* zitiert ihn mit den Worten: »Dabei leugne ich nicht, dass die Gewaltbereitschaft gerade bei bestimmten ausländischen Jugendgruppen erschreckend zugenommen hat und die Ausländer bei dieser Form der Kriminalität statistisch überrepräsentiert sind.« Allerdings dürfe man über die Taten von deutschen Jugendlichen auch nicht hinwegsehen. Ude kommt auch auf die Gewalt zu sprechen, die von Mehmet schon ausging, als er noch jünger als vierzehn Jahre war. Er stellt fest, dass es offensichtlich notwendig sei, Kindern mit krimineller Neigung früher Grenzen zu setzen und Beschränkungen aufzuerlegen, als dies bundesweit der Fall sei. Auf gemeingefährliche Energie, die sich noch im Kindesalter entlade, müssten neue Antworten gefunden werden, »mit Realitätssinn und ohne Sozialromantik«.

Damit wirft der sozialdemokratische Oberbürgermeister exakt die Frage auf, die der hessische Ministerpräsident Roland Koch zehn Jahre später thematisieren sollte. Auf dem Höhepunkt seiner in erster Linie taktisch motivierten Kampagne vor den Landtagswahlen im Januar 2008 sagt er: »In Ausnahmefällen könnten Elemente des Jugendstrafrechts für diese Zielgruppe eingesetzt werden. Wenn man betrachtet, wie im entsprechenden Milieu solche kriminellen Karrieren entstehen, dann muss man über die Anwendung des Jugendstrafrechts diskutieren.« Daraus wurde die Schlagzeile, die als eine der Ursachen für Kochs Wahlniederlage gilt: »Jetzt will Koch auch Kinder in den Knast stecken.«

Mehmet wurde zu einem Jahr Jugendstrafe verurteilt, die er aber nicht antreten musste. Denn die Ausländerbehörde nahm die Verurteilung zum Anlass, seine Aufenthaltserlaubnis nicht zu verlängern und ihn nach Istanbul ausfliegen zu lassen – ohne seine Eltern, aber gemeinsam mit seiner Freundin und unter dem Protest der Grünen. Bei den Ausländern zwischen 14 und 18 Jahren hinterließ die Aktion einen statistisch nachweisbaren Eindruck. Deren Beteiligung an gefährlichen oder schweren Körperverletzungen sank nach den Erkenntnissen der Münchner Polizei schlagartig um rund 20 Prozent. Allerdings stieg sie nach zwei Jahren wieder an. In der Türkei lebte Mehmet bei Verwandten. Als Moderator einer Musiksendung stieg er rasch zu einem Medienstar auf. Während das heimische Publikum sich bald wieder anderen Sensationen zuwandte, wurde er einer deutschen Talkshow zugeschaltet, in der er über seine Verbrechen plaudern durfte. Unterdessen stritten seine Eltern, die Stadt München und der Innenminister vor Gerichten über die Rechtmäßigkeit der Ausweisung.

Im Juli 2002 erlitt Beckstein vor dem Bundesverwaltungsgericht eine glatte Niederlage. Die Richter vertraten die Auffassung, dass man dem jungen Türken den Aufenthalt nur nach einer »besonders schweren Straftat« oder nach einer Verurteilung wegen serienmäßig begangener, nicht unerheblicher Straftaten hätte verweigern dürfen. Da er aber nur wegen einer seiner vielen Straftaten von einem Gericht verurteilt worden sei und diese Tat »nicht die erforderliche besondere Schwere« aufgewiesen habe, hätte die Münchner Ausländerbehörde den Aufenthalt des Jungen verlängern müssen. Im Übrigen habe ein Sachverständigengutachten ergeben, dass von dem Kläger »angesichts der seitherigen Persönlichkeitsentwicklung und des straffreien Lebens in der Türkei keine erhebliche Gefahr erneuter Straftaten« ausgehe.

Die bayerischen Grünen sprachen von einer »handfesten Ohrfeige für den Freistaat«. Beckstein konstatierte, dass nach diesem Urteil auch nicht integrationsfähige ausländische Jugendliche ein Aufenthaltsrecht im Bundesgebiet erhielten. Die Bevölkerung habe dafür »nicht das geringste Verständnis«. Jetzt bleibe nur eine Änderung der Gesetze. Im Hinblick auf die Bundestagswahl im Herbst 2002 sagte der Innenminister, das von der rot-grünen Koalition beschlossene Zuwanderungsgesetz erhöhe den Ausweisungsschutz für Täter wie Mehmet noch. Die Union werde es nach einem Wahlerfolg »kassieren«.

Er erinnerte daran, dass Mehmet 1998 wegen seiner Abschiebung einer einjährigen Haftstrafe entgangen sei. Dieses

Verfahren werde die Staatsanwaltschaft bei seiner Rückkehr wieder aufnehmen. Wegen einer positiven Sozialprognose endete es mit einer Bewährungsstrafe. So konnte Mehmet im Alter von 19 Jahren seinen Hauptschulabschluss nachholen. Weil aber viele Betriebe den Optimismus der Gutachter nicht teilten, hatte er Probleme, einen Ausbildungsplatz zu finden. Immerhin fand er schließlich in einer Computerfirma eine Stelle als Arbeiter an einer Fertigungsmaschine.

Tyrann seiner Eltern

Mehmet wohnte bei seinen Eltern, die ihn immer wieder mit kleineren Geldbeträgen unterstützten. Als diese ihm nicht mehr reichten, stahl er den Goldschmuck seiner Mutter. Auch vor Drohungen und Gewalt schreckte er nicht mehr zurück. Als er im März 2005 vergeblich 15 Euro von seinem Vater verlangte, schlug der Zwanzigjährige mehrmals mit der Faust gegen den Oberkörper des Siebenundsechzigjährigen und stieß ihn ebenso nieder wie die zu Hilfe eilende Mutter. Dann traktierte er seine am Boden liegenden Eltern mit Fußtritten. Nach deren Angaben drohte er: »Euer Tod wird aus meiner Hand kommen, ich bringe euch um, ich werde euch abstechen!« Daraufhin gaben die Eltern ihm alles, was der Vater bei sich hatte – zwölf Euro. Nachdem er ihre Wohnung verlassen hatte, sahen die Eltern keinen anderen Ausweg mehr, als Anzeige gegen ihren Sohn zu erstatten. Polizeibeamte warteten vor der Wohnung auf den jungen Mann und nahmen ihn bei seiner Rückkehr fest.

Im März 2005 bewertete das Amtsgericht München die durch die Abschiebung verursachte lange Trennung von seinen Eltern als Auslöser des Konflikts: »Sie wollten ihn los werden, er wollte nicht gehen.« Die Eltern hatten ihn zwar vor dem Ermittlungsrichter belastet, waren aber jetzt zu einer Aussage nicht mehr bereit. Aus der Türkei schrieben sie einen Brief, in dem sie darum baten, ihren Sohn nicht zu bestrafen. Dieser wurde nun wegen räuberischer Erpressung, Körperverletzung und Betrug zu einer Freiheitsstrafe von 18 Monaten verurteilt – allerdings mit der im Jugendstrafrecht vorgesehenen »Vorbewährung«: Der Haftbefehl wurde außer Vollzug gesetzt. Mehmet kam frei und sollte 100 Stunden auf einem Friedhof kehren. Erst nach einem halben Jahr wollte das Gericht endgültig entscheiden, ob die Strafe zur Bewährung ausgesetzt werde. Beckstein nannte diese Entscheidung »nicht nachvollziehbar«. Die Freilassung sei der Öffentlichkeit nicht zu vermitteln und »ein völlig falsches Signal«. Sobald das Urteil schriftlich vorliege, werde sein Haus »die Ausweisung Mehmets unverzüglich in Angriff nehmen«. Dann nimmt das Verfahren eine Wendung ins Absurde: Weil sich nach einem halben Jahr herausstellte, dass Mehmet den Friedhof nur 50 Stunden lang gekehrt hatte, wurde ein Haftbefehl erlassen. Doch der Einundzwanzigjährige war untergetaucht. Später stellte sich heraus, dass er bei seinem Onkel in einem Dorf an der griechischen Grenze lebte. Die Stadt München schickte einen Ausweisungsbescheid an seinen Aufenthaltsort in die Türkei, der Rechtskraft erlangte, weil sich niemand mehr daran störte.

Erster unter Gleichen

Wenn Beckstein in seinem Ressort bundespolitisch an Statur gewann, so lag dies vor allem an der Innenministerkonferenz. Deren Arbeit wird zwar einerseits dadurch erschwert, dass Beschlüsse nur einstimmig gefasst werden können. Eine erhebliche Erleichterung bedeutet andererseits die Tatsache, dass in dem vertraulich tagenden Gremium in der Regel Amtskollegen zusammentreffen, die in ihrer Partei als eher konservativ gelten und sich angesichts ihrer konkreten Sorgen stark an sachlichen Gegebenheiten und Zwängen orientieren. Im kleinen Kreis beklagte Beckstein sich gelegentlich über »die Unerfahrenheit der jungen Kollegen«, denen man immer erst erklären müsse, was sie zu tun hätten. Tatsächlich waren solche Seufzer pure Koketterie. Denn Beckstein war sich natürlich darüber im Klaren, dass ihm aufgrund seiner langen Amtszeit in diesem Gremium eine informelle Führungsrolle zuwuchs, die ihn zu einem wichtigen Gesprächspartner des Bundesinnenministers werden ließ.

Besonderen Respekt brachte ihm Otto Schily entgegen. Dies lag zum einen daran, dass die von Union und FDP getragenen Landesregierungen während der Kanzlerschaft Gerhard Schröders meistens die Mehrheit im Bundesrat stellten, zustimmungspflichtige Gesetze also einen inhaltlichen Kompromiss mit der Opposition voraussetzten. Darüber hinaus haben die beiden aber auch ihr persönliches Verhältnis immer als außergewöhnlich gut beschrieben und sich gegenseitig Fachkenntnisse und Verlässlichkeit bescheinigt. Berliner Parlamentskorrespondenten sichteten sie gelegentlich bei »Lutter und Wegener« am Gendarmenmarkt. Unbeobachtet und häufiger haben sie sich jedoch an den Flughäfen in Tegel, Frankfurt und München getroffen, wenn ihre Termin- und Reisepläne dies nahe legten. Bei solchen Gesprächen unter vier Augen trafen sie über die Parteigrenzen hinweg die Absprachen, die einzuhalten Ehrensache war.

Der bayerische Oppositionschef Maget glaubt, Beckstein habe Schily bewundert, weil dieser verkörpert habe, was ihm selbst verwehrt gewesen sei: die Machtfülle des Bundesinnenministers, der von seinem großen Büro aus auf den Berliner Tiergarten blickt, die Weltgewandtheit des immer gut gekleideten Herrn, den sicheren Geschmack des Gourmets, die Expertise des Weinkenners, rhetorisches Talent und die Gabe, ein exzellenter Gesprächspartner zu sein. Der Sozialdemokrat erwähnt noch »eine gewisse Arroganz«, nicht aber das oft bezeugte herrische Auftreten Schilys gegenüber seinen Mitarbeitern.

Selbsternannter Lehrherr

»Im bürgerlichen, anthroposophisch geprägten Elternhaus Otto Schilys wurde die Motivation mit Löffeln gegessen. Vorsichtige Selbstbescheidung gehörte nicht zu den Lehren, welche die Kinder ins Leben mitnahmen«, schrieb Franziska Augstein in der *Frankfurter Allgemeinen Zeitung*. Schilys Vater war Direktor eines Bergwerks im Ruhrgebiet. Beckstein hatte eine schlechtere Startposition. Als Underdog eignete er sich trotzdem nicht – im Gegenteil: Sein Verhältnis zu Schily, dessen Angebot, sich zu duzen, er gerne annahm, beschreibt er mit großem Selbstbewusstsein.

Er verwendete dafür einen der eingängigen Sprüche, die er über Jahre hinweg gebetsmühlenartig so lange wiederholt, bis alle sie glauben: »Schily ist bei mir in die Lehre gegangen.« Hätte Beckstein das etwa am Ende der Amtszeit des Bundesinnenministers im Herbst 2005 gesagt, hätte man darüber zumindest diskutieren können. Doch er stellte diese These schon vor der Bundestagswahl 1998 auf, also lange bevor die beiden von Amts wegen so intensiv miteinander zu tun hatten, dass der eine den anderen tatsächlich grundlegend hätte bekehren können. Im Jahr 1998 hatte Schily den Überzeugungen, die er als Strafverteidiger der RAF-Terroristin Gudrun Ensslin im Deutschen

Herbst und als Bundestagsabgeordneter der Grünen vertreten hatte, längst abgeschworen. Er war stellvertretender Fraktionsvorsitzender der SPD und schon ein knappes Jahrzehnt zuvor von den Grünen, die er mitbegründet hatte, zur SPD gewechselt. Wenn er, wie Beckstein konstatierte, der Verpflichtung des Staates zum Schutz seiner Bürger zu diesem Zeitpunkt eine größere Rolle zumaß als in der Vergangenheit, so war dies das Ergebnis eines Umdenkens, das unabhängig von Beckstein vor sich gegangen war. Es wurde noch dadurch unterstützt, dass Schily in Gerhard Schröders Schattenkabinett als Innenminister vorgesehen war. Und der wollte eine Figur, die den Konservativen keine Angriffsfläche bot.

Der erste Gesetzentwurf, an dem Beckstein und Schily gemeinsam arbeiteten, betraf den so genannten Großen Lauschangriff. Weil dazu die Änderung des Grundgesetzes und damit eine Zwei-Drittel-Mehrheit im Bundestag erforderlich war, wurde im Herbst 1996 eine Arbeitsgruppe gebildet, der neben Politikern der Regierungskoalition aus Union und FDP auch Vertreter der SPD angehörten. Ihre Vorschläge mündeten im Frühjahr 1998 in eine Änderung der Verfassung und eine Ausgestaltung der Strafprozessordnung, die es erlaubten, Wohnungen zum Zweck der Strafverfolgung abzuhören. Die Voraussetzung dafür sollte nun sein, dass sich in der Wohnung vermutlich ein Beschuldigter aufhält und bestimmte Tatsachen den Verdacht einer besonders schweren, in einem Katalog enthaltenen Straftat begründen. Außerdem sollte nur abgehört werden, wenn die Aufklärung auf eine andere Weise unverhältnismäßig schwer oder aussichtslos wäre.

Schily verhandelte zwar auf der Grundlage eines Parteitagsbeschlusses zugunsten des Lauschangriffs, zog sich aber für seine Kompromissbereitschaft dennoch die Kritik einer Minderheit der SPD und der Grünen zu. Deren Aufregung war kaum nachvollziehbar. Das Abhören privater Wohnungen war nämlich schon nach der alten Rechtslage erlaubt – allerdings nur zur

Verhinderung von Verbrechen und zur Abwehr von Gefahren. Jetzt sollte es möglich sein, die gewonnenen Erkenntnisse auch zur Strafverfolgung einzusetzen. Im Übrigen hat nicht nur Schily nachgegeben, sondern auch Beckstein. Im August 1997 erklärte der bayerische Innenminister in München, dass er die von Schily verlangte Aufnahme eines Richtervorbehalts akzeptiere. Danach durften die Ermittler nur tätig werden, nachdem ihnen zuvor ein unabhängiges Organ der Justiz die Genehmigung erteilt hatte. Schily füllte die ihm in der Regierung Schröder zugedachte Rolle als Vertreter von »Law and Order« entschlossener und gewissenhafter aus, als es jedenfalls den Grünen gefiel. Darum blieb es für Beckstein wichtig, seinen Konkurrenten als eine Art politischer Raubkopie seiner selbst erscheinen zu lassen.

Unterschriften gegen den Doppelpass

Mit dem »Doppelpass«, einer Herzensangelegenheit der Grünen, verbanden sich nicht nur bunte Blütenträume eines gleichberechtigten multikulturellen Miteinanders, sondern auch das nüchterne Kalkül, ein enormes zusätzliches Wählerpotenzial zu erschließen. Im Herbst 1998 konnten sich die Grünen in den Koalitionsverhandlungen mit der SPD mit diesem Plan durchsetzen. Er sollte Einbürgerungen erleichtern und es den Antragsstellern grundsätzlich ermöglichen, die deutsche Staatsangehörigkeit zu erwerben, ohne ihre bisherige aufgeben zu müssen. Die FDP war dafür nicht zu gewinnen, Teile der SPD zeigten sich wenig begeistert, die Union sprach sich geschlossen gegen die generelle doppelte Staatsbürgerschaft aus.

Die CSU meinte, ein solches Projekt überfordere die Bereitschaft und die Fähigkeit der Bevölkerung zur Integration. Stoiber war sich sicher, dass die Bürger das Vorhaben »glatt und rundweg« ablehnten. Er griff die Idee aus der Koalitionsvereinbarung auf, Volksbegehren und Volksentscheide in die Verfassung aufzunehmen. Warum man nicht gleich den Doppelpass einer solchen basisdemokratischen Abstimmung unterwerfe, fragte er. Die Union müsse nun »das Volk zu Hilfe rufen, um die fundamentale Entscheidung noch zu korrigieren«.

Der Fraktionsvorsitzende Schäuble schreibt in seiner im Jahr 2000 veröffentlichten Autobiografie, mit sich selbst zufrieden: »Nach einigem Überlegen kam mir die Idee einer Unterschriftensammlung der Union gegen das Regierungsvorhaben.« Er unterbreitete sie zunächst Roland Koch, dem Herausforderer des hessischen Ministerpräsidenten Hans Eichel. Der Oppositionschef erkannte darin sofort die Chance, seinem bis dahin schleppend und aussichtslos verlaufenden Wahlkampf mit einer Wähler mobilisierenden Kampagne Auftrieb zu geben. Eine Woche vor dem Weihnachtsfest des Jahres 1998 sprach Schäuble mit Stoiber. Nachdem dieser sich ebenfalls angetan zeigte, wurde verabredet, dass der stellvertretende Fraktionsvorsitzende Jürgen Rüttgers und der bayerische Innenminister Günther Beckstein einen Text entwerfen sollten, den die Bürger unterzeichnen konnten.

»Ich hatte allerdings nicht mit Stoibers überschwänglichem Enthusiasmus gerechnet. Schon kurz nach unserem Gespräch platzte er in einem Zeitungsinterview mit der Neuigkeit heraus«, klagt Schäuble in seinem Buch. Er sei sich mit seinen Mitarbeitern darin einig gewesen, die Ablehnung des Doppelpasses unbedingt mit der Forderung zu verbinden, dass die Integration von Ausländern verbessert werde. Weil dazu aber wegen Stoibers Vorpreschen die Zeit nicht mehr gereicht habe, hätten die »Moralapostel der Republik« die Gelegenheit bekommen, der Union in der nachrichtenarmen Zeit zwischen Weihnachten und Neujahr »billigen Populismus« zu unterstellen und ihr einen »Appell an niederste Instinkte« vorzuwerfen.

Es war Stoiber, der das Projekt des Doppelpasses identifiziert hatte, um die Bevölkerung dagegen zu mobilisieren. Schäubles Verdienst bestand darin, die vagen Pläne praktikabel präzisiert zu haben. Aber es musste ihm klar sein, dass der Bayer diese Aktion selbst ankündigen und den Ruhm nicht teilen würde – wenn man ihn dazu nicht durch eine feste Vereinbarung verpflichtete. Dies versäumt zu haben, war ein Anfängerfehler, über den auch der nachträgliche Versuch, den bayerischen Ministerpräsidenten in die Nähe eines Schulbuben zu rücken, der in seiner Aufregung beinahe alles vermasselt hätte, nicht hinwegtäuschen kann.

Stoiber durfte sich bei seinem Alleingang sicher sein, dass seine Partei ihm geschlossen und ohne Murren folgen würde. Dass er sich darauf bei der CDU unter ihrem Vorsitzenden Schäuble und ihrer Generalsekretärin Merkel gerade in diesem Fall nicht von vornherein verlassen konnte, wusste der CSU-Vorsitzende. Dies war ein weiterer Grund für ihn, mit der Aktion an die Öffentlichkeit zu gehen und es der Schwesterpartei auf diese Weise schwer zu machen, sie noch abzublasen. Indem er allerdings in Kauf nahm, dass der Aspekt der Integration bei seinem Vorschlag zu kurz kam, bot er auch den Gegnern des Projekts in der CDU eine offene Flanke. Die »jungen, wilden« CDU-Abgeordneten Peter Altmaier, Hermann Gröhe, Eckart van Klaeden und Norbert Röttgen erklärten in der ersten Januarwoche, die geplante Unterschriftensammlung berge die Gefahr einer gesellschaftlichen Isolierung der Union. Sie kündigten an, ihre Zustimmung zu verweigern, falls die Ablehnung der regelmäßigen doppelten Staatsangehörigkeit im Vordergrund stünde und nicht das Eintreten für mehr Integration. Der Aufruf müsse so formuliert sein, dass jedes Missverständnis der Ausländerfeindlichkeit ausgeschlossen sei. Außerdem sei dafür zu sorgen, dass sich rechtsextreme und rechtsradikale Trittbrettfahrer an der Aktion nicht beteiligen könnten.

Die Abgeordneten plädierten für eine Öffnung der Union gegenüber Ausländern. Sie lehnten die Einführung einer regelmäßigen doppelten Staatsangehörigkeit ab, votierten aber für ein zeitgemäßes Staatsangehörigkeitsrecht als Voraussetzung für die Integration von Ausländern. Beckstein vertrat hingegen die Auffassung, dass die erleichterte Einbürgerung nicht am Anfang des Integrationsprozesses stehen müsse, sondern an dessen Ende. Im Übrigen benötigte er beim Thema Integration keinen Nachhilfeunterricht – im Gegenteil. Ein im Jahr 1999 vorgelegter, 320 Seiten umfassender »Bericht der interministeriellen Arbeitsgruppe Ausländerintegration zur Situation der Ausländerinnen und Ausländer in Bayern« belegte im Detail, wie umfangreich die Angebote an Sprachkursen waren, die sich an Zuwanderer in nahezu allen Altersstufen und Lebenslagen wandten.

Ein paar Wochen später legten die Abgeordneten ihrer Fraktion ein weiteres Papier vor. Es glich im Prinzip dem Optionsmodell, das die rot-grüne Koalition später beschloss. Danach sollten in Deutschland geborene Ausländerkinder mit der Geburt neben der ausländischen die deutsche Staatsangehörigkeit bekommen und sich mit achtzehn Jahren für eine von beiden entscheiden. Bei einer Abstimmung in der Fraktion sprach sich etwa ein Drittel für dieses Modell aus, darunter die Generalsekretärin Angela Merkel sowie die Abgeordneten Rita Süssmuth, Heiner Geißler, Norbert Blüm, Volker Rühe und Christian Schwarz-Schilling.

Im Vorstand der Partei waren die Vorbehalte gegen die Unterschriftenaktion ebenso groß. Am Ende wurde sie als einer von vielen Punkten eines Aktionsprogramms zur besseren Integration von Ausländern beschlossen. Damit konnten die Hessen ihre Wahl gewinnen und die übrigen Landesverbände sich nach eigenem Gutdünken mehr oder weniger stark engagieren. Das Verhältnis zur CSU litt unter der Debatte. Die Bayern registrierten erstaunt, wie viel Raum Schäuble den Kritikern der Unterschriftenaktion gab. Michael Glos sagte, man müsse der CDU mal »ein paar Korsettstangen einziehen«. Merkel bat darum, »einen freundschaftlicheren Ton« anzuschlagen.

Der Hang eignete sich als Skipiste: Becksteins Elternhaus am Michelsberg in Hersbruck.   Foto: Thomas Kohl

Schüchtener Anfang: Beckstein zählte zu den Kleinsten der Klasse 2 a. Hier steht er in der zweitletzten Reihe.

Homestory: Der Vater mit Kindern und Modelleisenbahn im Jahr 1987
Foto: Herbert Voll

Siegesgewiss im Wahlprospekt: Der Abgeordnete vor seiner Wiederwahl im Jahr 1978   Quelle: Hanns-Seidel-Stiftung, Archiv für Christlich-Soziale Politik

Beifall für den Wahlhelfer: Ministerpräsident Fanz Josef Strauß im September 1986 bei einem Heimspiel des Clubs   Foto: Herbert Voll

Familie im Focus der Öffentlichkeit: Marga Beckstein mit den Kindern Ruth, Frank und Martin (von links) am 9. Oktober 2007 bei der Wahl des Ministerpräsidenten   Rechte: picture-alliance/dpa

Beckstein unterstützte unterdessen die Hessen in ihrem Wahlkampf nach Kräften und wurde schon kurz hinter der bayerischen Grenze in der südhessischen Kommune Groß-Umstadt mit der dort herrschenden aufgeladenen Stimmung konfrontiert. Die CDU hatte ihn in das Clubhaus der starken portugiesischen Gemeinde eingeladen. Doch dessen Leiter erteilte Beckstein wegen der Unterschriftenaktion Hausverbot. So sprach der unerwünschte Gast aus Bayern in einem total überfüllten Nebenraum der Stadthalle. In einem Nebensatz erwähnte er, dass der Ausländeranteil in Portugal bei 1,6 Prozent liege und dort ganze 216 Asylbewerber lebten. Die Zahl der Bürgerkriegsflüchtlinge sei so niedrig, dass sie in den Listen der Vereinten Nationen nicht mehr erfasst seien. Deutschland hingegen habe 355 000 aufgenommen.

Die NPD im Visier

Für Beckstein wuchsen die Bäume nicht in den weiß-blauen Himmel. Das hatte die Unterschriftenaktion ihm gezeigt. Wenn er auch federführend an der Formulierung des Aufrufes beteiligt war, so bedeutete dies doch nicht mehr als die Erfüllung einer Aufgabe, die die beiden Parteichefs ihm zugedacht hatten. Sein Ministerpräsident überließ ihm die bundespolitische Bühne auch in seinem Ressort nur so lange, bis die Dinge wirklich wichtig wurden. Dabei nahm er gern auch den gelegentlichen Vorwurf des Hardliners in Kauf. Solche Kritiken gefielen der Stammwählerschaft, prägten aber Stoibers Bild in der Öffentlichkeit nicht mehr so nachhaltig wie zu den Zeiten, in denen er »das blonde Fallbeil« genannt wurde. Schließlich war er inzwischen der erfolgreiche und unangefochtene Regierungschef eines blühenden Gemeinwesens, der sich nicht mehr in die Niederungen ideologischer Kleinkriege hinunterbegeben musste – wie Beckstein.

Wahrscheinlich ist kein anderer deutscher Landesminister über einen so langen Zeitraum hinweg von seinen politischen Gegnern so gnadenlos attackiert worden wie er. Dass die Grünen mit dem Slogan, »Beckstein würde auch Jesus abschieben« in die Wahlkämpfe des Jahres 1998 zogen, verletzte ihn. In den Auseinandersetzungen über die Asylpolitik und den Umgang des Staates mit Gewalttätern vom Schlage eines »Mehmet« artikulierte Beckstein die Position der schweigenden Mehrheit und leistete damit einen erheblichen Beitrag zu den großen Wahlerfolgen der CSU. Doch dafür galt er auf der linken Seite des politischen Spektrums als rechter Scharfmacher und Ausländerfeind.

Auch indem er sich gegen Stoibers Rat in die Synode berufen ließ, mutete er sich einiges zu. Die CSU konnte ihm dafür dankbar sein. Denn für eine katholisch dominierte Volkspartei, die in allen Teilen der Gesellschaft präsent sein will, ist der enge und verlässliche intellektuelle Austausch mit den Repräsentanten der evangelischen Landeskirche von großem Wert. Ausgerechnet der von den evangelischen Christen am heftigsten kritisierte Staatsminister war bekennender Protestant und Angehöriger der Synode. Der Innenminister machte nicht nur Politik, er erklärte sie den härtesten Gegnern auch noch persönlich – bei Rotwein und zu nächtlicher Stunde.

Vor diesem Hintergrund erscheint das von Beckstein angestoßene Verbotsverfahren gegen die NPD wie eine gewaltige persönliche Entlastungsoffensive. Es versprach ihm, was er bislang noch hatte entbehren müssen: große Auftritte auf der Bühne der Bundespolitik, eine Woge breiter öffentlicher Zustimmung, die Überrumpelung von Sozialdemokraten und Grünen, ungläubiges Staunen der Kirchen und endlich einmal keine bösen Worte. Die Frage, ob zu dem Bündel seiner persönlichen Beweggründe auch der Gedanke an die Rolle seines Vaters in der Zeit des Nationalsozialismus gehörte, darf unbeantwortet bleiben. Denn es gab durchaus eine Reihe von übergeordneten politischen Argumenten, die für diese Initiative sprachen. So konnte ein aus den Reihen der Union initiierter Vorstoß zu einem Verbot der NPD vor allem den Grünen die Schau stehlen. Denn deren Programmatik sah neben dem Ausstieg aus der Kernenergie als zweiten Schwerpunkt den Kampf gegen den Rechtsextremismus vor. Gleichzeitig durfte man hoffen, dass auch die Konservativen am rechten Rand der CSU-Wählerschaft das Signal verstehen würden: Bis hierher und nicht weiter!

Exzesse

In der ersten Hälfte des Jahres 2000 wurde die Bevölkerung durch Anschläge aufgeschreckt, die zumindest zum Teil einen fremdenfeindlichen Hintergrund besaßen. Unbekannte schändeten insgesamt vier jüdische Friedhöfe. In Erfurt verübten drei Angehörige der rechtsextremen Szene einen Brandanschlag auf die Synagoge. In Dessau prügelten drei betrunkene Skinheads einen Mosambikaner zu Tode. Mehrere Neonazis, darunter ein NPD-Mitglied, überfielen eine Gedenkveranstaltung an einem KZ-Mahnmal in Wuppertal. Anfang Juli schlugen vier junge rechtsextremistische Schläger in Mecklenburg-Vorpommern einen Obdachlosen tot. Vier Wochen später wurden bei einem Sprengstoffanschlag in Düsseldorf neun russische Immigranten verletzt, darunter sechs jüdischen Glaubens.

Die Forderung des thüringischen Innenministers Christian Köckert (CDU) nach einem Verbot rechtsextremistischer Parteien wies das zurück. Bei der Vorstellung des Verfassungsschutzberichts für das Jahr 1999 bezeichnete Bundesinnenminister Schily die zunehmende Bereitschaft zur Gewalt in der Szene der rechtsextremistischen Skinheads zwar als besorgniserregend, doch den Zustand der rechtsextremen Parteien schätzte er als so schlecht ein, dass von ihnen keine Gefahr für die Demokratie ausgehe.

Die NPD war bei der Bundestagswahl im Jahr 1969 unter die Fünf-Prozent-Hürde gerutscht und hatte seitdem bei Wahlen kaum noch eine Rolle gespielt. In den Achtzigerjahren stand die personell und finanziell völlig ausgezehrte Partei im Schatten von Republikanern und DVU. Als sie 1990 auch aus der Wiedervereinigung keinen Nutzen ziehen konnte, setzte eine Radikalisierung ein, an deren Ende eine offensichtlich extremistische Partei stand. Doch deren Zustand war zu erbärmlich, um eine Bedrohung für die Demokratie darzustellen, und der Zuspruch der Menschen nur allzu bescheiden: Bei den Bundestagswahlen im Jahr 1998 hatte die NPD nur 0,3 Prozent der Stimmen bekommen.

Dennoch forderte Beckstein im August 2000 die Bundesregierung auf, beim Bundesverfassungsgericht das Verbot der Partei zu beantragen. Sie werde immer mehr zum Kristallisationspunkt von unorganisierten Skinheads, die ihren Hass mit zunehmender Brutalität und Skrupellosigkeit an Ausländern ausließen, sagte er. Die NPD binde junge gewaltbereite Einzelgänger und fasse solche radikalen Kräfte zusammen. Ein Antrag, die NPD zu verbieten, sei ein Signal der Ächtung politischer Gewalt. Sobald er gestellt sei, könne das Bundesverfassungsgericht die Durchsuchungen von Parteibüros und die Beschlagnahme von Parteivermögen anordnen. Logistik und Strukturen der NPD könnten sofort »massiv getroffen werden«. Mit der Feststellung der Verfassungswidrigkeit der NPD sei auch das Verbot verbunden, Nachfolgeorganisationen zu gründen.

Beckstein betonte, er habe schon 1999 auf die »zentrale Rolle« der NPD für den Rechtsextremismus aufmerksam gemacht. Jetzt sei die Zeit reif für ein Verbot. Er schloss nicht aus, dass Einzeltäter aus der rechtsextremistischen Szene mittlerweile von Bayern in andere Bundesländer auswichen, weil dort der Fahndungsdruck nicht so groß sei. Daraus könne es nur eine Konsequenz geben: Auch die anderen Bundesländer müssten sich der harten Linie Bayerns anschließen. Im Freistaat sei die Zahl der rechtsextremistisch motivierten Gewalttaten zurückgegangen, die Brutalität und die Gewaltbereitschaft aber größer geworden. Dies bestärke ihn in seiner schon früher erhobenen Forderung nach einer Änderung des Strafrechts. Kriminelle Heranwachsende, Personen zwischen 18 und 21 Jahren, sollten auf jeden Fall nach dem Erwachsenen- und nicht länger nach dem Jugendstrafrecht abgeurteilt werden. Da die NPD den »Kampf um die Straße« führe, müsse die Video-überwachung bestimmter Straßen und Plätze ermöglicht werden. Schließlich forderte Beckstein, es dem Verfassungsschutz zu gestatten, bei dem Verdacht auf eine schwere Straftat die Telefone von Einzelpersonen zu überwachen. Derzeit seien solche Vorkehrungen nur bei terroristischen Vereinigungen möglich. Das hatte Charme: Beckstein kombinierte seine populäre Forderung nach einem NPD-Verbot mit Vorschlägen zur Änderung des Strafrechts, die er keineswegs nur im Falle von rechtsextremen Umtrieben angewendet sehen wollte, aber bislang nicht hatte durchsetzen können. Es war den Versuch wert.

Rein parteitaktisch gesehen, war Beckstein ein Coup gelungen. Denn er trieb gleich mehrere Keile in die rot-grüne Formation. Der Umweltminister Jürgen Trittin unterstützte seine Forderung, dessen Parteifreundin Renate Künast nannte sie »absoluten Quatsch«. Der niedersächsische Ministerpräsident Gabriel (SPD) schloss sich Becksteins Vorschlag an. Schily äußerte Skepsis und warnte vor übereilten Antworten. So bot sich der CDU-Vorsitzenden Angela Merkel die schöne Gelegenheit, der SPD vorzuwerfen, dass sie den Kampf gegen den Rechtsextremismus vernachlässige. Allerdings hielt sie sich auch selbst bedeckt. Der Fraktionsvorsitzende der Union, Friedrich Merz, stand Becksteins Vorschlag aufgeschlossen gegenüber, die Ministerpräsidenten Koch und Müller waren dagegen, ebenso die FDP. Bundeskanzler Schröder forderte am 9. August, den Rechtsradikalismus mit allen Mitteln zu bekämpfen, verlangte aber kein Verbot der NPD. Am 14. August sprachen sich in einer Umfrage des Nachrichtenmagazins *Focus* zwei Drittel der

Bundesbürger für Becksteins Forderung aus. In diesem Lichte überlegte sich auch der Kanzler die Sache noch einmal und befürwortete eine knappe Woche später in einer Boulevardzeitung einen gemeinsamen Verbotsantrag von Bundestag und Bundesrat, wenn eine Bund-Länder-Kommission dies empfehle.

»Aufstand der Anständigen«

In der Nacht zum 3. Oktober 2000 verübten Unbekannte einen Brandanschlag auf eine Düsseldorfer Synagoge, der den Entscheidungsprozess erheblich beschleunigte. Zwar stellte sich später heraus, dass es sich bei den Tätern um zwei Islamisten handelte, aber bestimmend für den Fortgang der Dinge war die rasche Interpretation des Kanzlers. Nach einem Gespräch, das er in der Synagoge mit dem Vorsitzenden des Zentralrats der Juden, Paul Spiegel, geführt hatte, erklärte er: »Es muss klar sein, dass rechtsradikale Strukturen, in deren Schutz solche hinterhältigen Anschläge geschehen können, keine Chance haben, in Deutschland bestehen zu können.« Schröder rief zu einem »Aufstand der Anständigen« auf und hatte sich damit gleichzeitig an dessen Spitze gesetzt. Schily wartete den für Ende Oktober angekündigten Abschlussbericht der Kommission nicht mehr ab, sondern bewertete die Zwischenergebnisse schon am 6. Oktober als ausreichend für eine Entscheidung, »die in Richtung eines Verbotsantrages geht«. Dass einige Experten der Kommission schwere Bedenken äußerten, fiel nicht mehr ins Gewicht.

Der brandenburgische Innenminister Schönbohm (CDU) sprach von einem großen Druck der öffentlichen Diskussion. Sie könne am Ende einen Verbotsantrag unumgänglich machen, obwohl die Gefahr bestehe, dass bei einem Scheitern des Antrags die NPD nicht geschwächt, sondern sogar gestärkt werde. Der Kernpunkt sei die Frage der Verhältnismäßigkeit. Baden-Württembergs Innenminister Thomas Schäuble (CDU), der ebenso wie Schönbohm im Prinzip für einen Verbotsantrag war, äußerte sich »erstaunt« über das rasche Verfahren. Das sei »ein bisschen arg hopplahopp jetzt«, meinte er. Ende Oktober plädierten die Innenminister für einen Verbotsantrag. Da ihre Konferenz immer nur einstimmig entscheiden kann, enthielten sich Müller und Koch der Stimme. Zwei Wochen später beschloss das Kabinett in diesem Sinne.

Am 10. November folgte der Bundesrat. Hessen, Rheinland-Pfalz, Baden-Württemberg, das Saarland und Berlin unterstützten den von Bayern und Niedersachsen vorgelegten Antrag nicht. Dort hieß es: »Die NPD ist eine Partei, die nach ihren Zielen und dem Verhalten ihrer Anhänger darauf ausgeht, die freiheitliche demokratische Grundordnung zu beeinträchtigen und sogar zu beseitigen. Der Bundesrat hält daher ein Verbot der NPD für erforderlich.«

Ministerpräsident Stoiber begründet dies damit, dass der Staat von seinen Bürgern nur dann Zivilcourage gegenüber Rabauken verlangen könne, die Angehörige von Minderheiten auf der Straße anpöbelten oder Hakenkreuze an Wände malten, wenn er auch selbst jedes ihm zur Verfügung stehende Mittel nutze, um Extremisten das Handwerk zu legen. Er räumt ein, dass die NPD sich in der Bundesrepublik in einer extremen Minderheitsposition befinde und momentan nicht in der Lage sei, eine so große Zahl von Mitgliedern oder Anhängern zu mobilisieren, dass ein Versuch zum Umsturz der freiheitlich-demokratischen Grundordnung realistische Erfolgsaussichten hätte. Dieser Gesichtspunkt dürfe aber bei der rechtlichen Bewertung keine Rolle spielen. Stoiber stellt auf das Urteil des Bundesverfassungsgerichtes zum Verbot der KPD ab: Eine Partei könne auch dann verfassungswidrig sein, wenn nach menschlichem Ermessen keine Aussicht bestehe, dass sie ihre verfassungswidrige Absicht in absehbarer Zukunft verwirklichen könne. »Der Staat ist nicht verpflichtet abzuwarten, ob der Brandstifter das brennende Streichholz, das er in der Hand hält, tatsächlich ins Benzinfass wirft. Er darf, ja er muss rechtzeitig vorher einschreiten.«

Bundesinnenminister Schily nimmt den Beschluss des Bundesrats als Zeichen für den demokratischen Grundkonsens in der Bundesrepublik. Ein NPD-Verbot diene auch präventiven Zwecken. Man dürfe nicht so lange zögern, bis die Gewalt eskaliere. Er bestreitet, dass die rechtsextremistische Gewaltszene ohne die NPD dasselbe Bild böte. Die Partei ermutige Gewalttäter und gebe ihnen Rückhalt. Der Bundesinnenminister weist auch den Vorwurf zurück, das NPD-Verbot sei lediglich eine symbolische Ersatzhandlung des Staates. Es diene vielmehr dem konkreten Zweck, eine bedrohliche Struktur zu beseitigen. Ein Verbot der NPD werde die rechtsextremistische Szene nachhaltig treffen. Die provozierenden, von der NPD veranstalteten Demonstrationen vor dem Brandenburger Tor oder anderenorts würden im Verbotsfalle endgültig der Vergangenheit angehören.

Der saarländische Ministerpräsident Müller (CDU), der hessische Ministerpräsident Koch (CDU) und die hessische Bildungsministerin Wagner (FDP) prophezeien, das vorliegende belastende Material werde nicht ausreichen. Aber selbst wenn ein Verbot verhängt werde, könne es die rechtsextremistische Gewalt nicht vermindern. Wagner sagt außerdem, ein NPD-Verbot werde »keinen einzigen Glatzkopf davon abhalten, sich kriminell zu verhalten«. Koch gibt an, nicht einmal ein Fünftel der gegenwärtig registrierten rechtsextremistischen Gewalttaten seien der NPD zuzuordnen. Die Gesellschaft lebe besser damit, das Selbstbewusstsein zu behalten, dass sie jenseits der juristischen Argumente den Kampf gegen den Rechtsextremismus gewinnen könne.

Schuldzuweisungen

Beckstein selbst trat nicht ans Rednerpult. Aber Stoiber und Schily erwähnten ausdrücklich, dass der Verbotsantrag auf seine Initiative zurückgehe. Einen wesentlichen Einfluss auf den

Entscheidungsprozess hatte er allerdings nicht. Die Richtung, die er nahm, und die Geschwindigkeit bestimmte Schröder – spätestens nach dem Anschlag auf die Düsseldorfer Synagoge. Das eigentliche Verfahren vor dem Bundesverfassungsgericht wurde für die Innenministerien in Bund und Ländern und die Verfassungsschutzbehörden zu einer peinlichen Offenbarung. Die Zusammenarbeit verlief geradezu chaotisch und deckte ungeahnte strukturelle Mängel auf. Beckstein ärgerte sich über »Volltrottel« in Berlin und stritt mit Schily darüber, wer für die Pannen verantwortlich sei.

Im Bundesverfassungsgericht wäre für ein Parteiverbot eine Zwei-Drittel-Mehrheit der Richter erforderlich gewesen. So genügten schon drei der sieben Richter, um die Einstellung des Verfahrens am 18. März 2003 zu erzwingen. In einem für die Antragssteller überaus unangenehmen Procedere hatte sich nach und nach herausgestellt, dass zahlreiche Informanten der verschiedenen Verfassungsschutzbehörden in Bund und Ländern auf den Führungsebenen der NPD tätig waren. Aus der Sicht der Richter ließ sich deshalb nicht mehr deutlich genug nachvollziehen, inwieweit die Aktivitäten der Partei ihr selbst zuzurechnen waren oder vom Staat gesteuert wurden. Scharf kritisiert wurden auch die Qualität der Anträge und das Fehlen »sachgerechter Sorgfalt«.

Bundesinnenminister Schily reagierte mit der Frage, ob angesichts der angelegten Maßstäbe ein Verbot der NSDAP möglich gewesen wäre. Ansonsten wies er jede Schuld an dem Scheitern des Antrags weit von sich und sprach stattdessen von einer »rechtsirrigen Auffassung« der Senatsminderheit. Außerdem wies er darauf hin, dass der Kollege Beckstein der Urheber des Verfahrens gewesen sei. Dieser schloss sich der Auffassung der Senatsmehrheit an. Danach hätte eine weitere Sachaufklärung dem Interesse der wehrhaften Demokratie gedient. Die Einleitung des Verfahrens sei richtig gewesen. Währenddessen habe die NPD immerhin Mitglieder verloren. Beckstein sprach sich für eine bessere Koordinierung der Verfassungsschutzämter, aber gegen eine »zentralistische Superbehörde« aus. Aufgrund der Entscheidung des Bundesverfassungsgerichts sei ein Parteiverbot als schärfstes Mittel der streitbaren Demokratie von nun an kaum noch möglich. Er werfe sich selbst aber nichts vor. Schließlich habe Bayern dem Bundesratsantrag »äußerst sorgfältig« zugearbeitet. »Bei uns sind keine Pannen passiert.« Dies sei »eine sehr großzügige Beurteilung«, meint dazu Lars Flemming in seiner 2005 erschienenen, von der Hanns-Seidel-Stiftung geförderten Dissertation. Es sei doch der bayerische Verfassungsschutz gewesen, der noch nach dem Einreichen der Verbotsanträge versucht habe, das NPD-Bundesvorstandsmitglied Jürgen Distler als V-Mann anzuwerben, schreibt Fleming.

Nur zwei Tage nach dem Votum der Richter begann der Irak-Krieg und begrub unter sich auch die Blamage der deutschen Innenpolitiker. Der Versuch, den braunen Sumpf trockenzulegen, war kläglich gescheitert. Die Einstellung des Verfahrens ohne eine Entscheidung zur Sache selbst war aber auch für die NPD kein Triumph. Die bekannt gewordene Unterwanderung der Partei durch den Verfassungsschutz verunsicherte und ärgerte die Mitglieder. Deren Zahl sank von 6500 im Jahr 2001 auf 5000 im Jahr 2003. Bei den sächsischen Landtagswahlen steigerte sich die NPD zwar um 7,8 Punkte auf 9,2 Prozent der Stimmen. Doch dieser punktuelle Erfolg war nach der übereinstimmenden Einschätzung aller Wahlforscher die unappetitliche Auswirkung einer Protestwahl gegen die Arbeitsmarktreformen der Bundesregierung und keine Folge des Verbotsverfahrens. Die CDU verlor in ihrer einstigen Hochburg fast sechzehn Punkte und kam damit auf 41,1 Prozent. Sie bildete eine Koalition mit der SPD, die nur 9,8 Prozent verbuchen konnte. Bei der Bundestagswahl im Jahr 2005 erzielte die NPD mit der Unterstützung der DVU 1,6 Prozent.

Der 11. September 2001

Der Innenminister sitzt an seinem Schreibtisch, als ihn am 11. September 2001 ein Beamter aus dem Lagezentrum der bayerischen Polizei informiert, dass ein Passagierflugzeug in einen Turm des World Trade Centers gestürzt sei. Auf dem Fernsehbildschirm verfolgt er, wie eine zweite Maschine in den anderen Tower fliegt. Damit hat sich seine Hoffnung, dass es sich »nur« um ein Unglück handeln möge, rasch erledigt. Aus der vielen eher abstrakt erscheinenden Bedrohung, vor der Beckstein seit Jahren warnt, ist eine Katastrophe geworden, die er als »apokalyptische Situation« empfindet.

Schon sechs Tage später präsentiert das bayerische Kabinett zwölf Punkte zur Stärkung der inneren Sicherheit. Am 9. Oktober beschließt der Landtag, mit knapp 400 Millionen Mark bei Polizei und Verfassungsschutz insgesamt 890 zusätzliche Stellen zu schaffen. Beckstein betont, dass es sich dabei um »das bisher größte Sicherheitspaket aller deutschen Länder« handele. Die Bundesregierung wartet gleich mit zwei solcher »Pakete« auf. Der bayerische Innenminister bemängelt insbesondere das zweite. Er befürchtet, dass der Plan, Fingerabdrücke oder andere biometrische Daten in Personaldokumente aufzunehmen, entweder auf die lange Bank geschoben oder verwässert werde. Er lehnt es ab, dem Bundeskriminalamt die Erlaubnis zu erteilen, zusätzlich Personendaten zu erheben, über die schon die Länder verfügten. Daneben kritisiert er »krasse Sicherheitslücken«. So sei weder eine umfassende Auskunftspflicht der Sozialversicherungsträger vorgesehen noch eine Überprüfung der Konten von Ausländervereinen, die Spenden sammelten. Die Ermittlung früherer Wohnsitze sei nicht geregelt worden, und die Polizei dürfe noch immer nicht den grenzüberschreitenden Bargeldverkehr überprüfen.

Beckstein verlangt, dass der Verdacht, eine terroristische Vereinigung zu unterstützen, ausreichen müsse, um Ausländer auszuweisen. Es sei den Behörden nicht zuzumuten, die tatsächliche Mitgliedschaft in einer solchen Organisation belegen zu müssen. Auch sei auszuweisen, wer frühere Aufenthalte in Deutschland verheimliche und über seine Verbindungen zu terroristischen Organisationen falsche oder unvollständige Angaben mache. Schließlich fordert er, illegal eingereisten Ausländern oder Personen ohne Identitätspapiere vorzuschreiben, wo sie wohnen und in welchem Gebiet sie sich frei bewegen dürften. Beckstein verweist darauf, dass es im Freistaat seit Langem möglich sei, die Daten auffälliger Jugendlicher auch dann zu speichern, wenn sie nicht älter als 14 Jahre seien. Denn der islamische Extremismus erfasse zunehmend junge Menschen. Darum bemängelt er, dass das Bundesamt für Verfassungsschutz sich an eine Altersgrenze von 16 Jahren halten müsse.

Der Innenminister erledigt sein Handwerk nach einem präzisen Schema: Der aktuelle Anlass dient ihm dazu, Forderungen, die er jahrelang vergeblich aufgestellt hat, in einem neuen Zusammenhang zu erheben. Gleichzeitig verweist er auf das bayerische Vorbild und beklagt, dass die rot-grüne Regierung in Berlin es ja doch nicht lerne. Da blitzt der berühmte »bundespolitische Anspruch« der CSU auf. Obwohl das Kabinett Stoiber das zweite Sicherheitspaket der Bundesregierung für unzureichend hält, stimmt Bayern ihm im Bundesrat zu. »Wenn Sie 100 Mark wollen und nur 50 Mark kriegen, werden Sie die nicht ablehnen«, sagt Beckstein und kritisiert, dass Schily sich mit den Positionen, die er von ihm übernommen habe, gegen die Grünen nicht habe durchsetzen können. »Die Worte waren stärker als die Taten.«

Mit einer eigenen Bundesratsinitiative will Bayern eine Grundgesetzänderung erreichen, die es den Ländern gestattet, Streitkräfte zum Schutz ziviler Objekte anzufordern. Die Bürger könnten nicht begreifen, dass der Bundeswehr in Deutschland nicht erlaubt werde, was ihr im einstigen Jugoslawien befohlen worden sei, nämlich Objektschutz, erklärt Beckstein.

Seit Langem verlangten die Amerikaner, dass zum Beispiel ihre Abhöranlagen im oberbayerischen Bad Aibling nicht nur von deutschen Polizisten, sondern auch von deutschen Soldaten geschützt würden. Für die in Bad Reichenhall und Berchtesgaden stationierten Bundeswehreinheiten wäre das Nachbarschaftshilfe, aber ein Bruch der Verfassung. Unter dem Verbot einer Zusammenarbeit von Polizei und Streitkräften litten jedoch auch die Deutschen selbst. In seiner Heimatstadt Nürnberg habe die Post ein mit den Worten »Heiliger Krieg« beschriftetes Kuvert mit weißem Pulver entdeckt, das dem in den USA aufgetauchten hochgiftigen Antrax ähnlich gewesen sei. Die Polizei habe sich zur Klärung der Frage, ob eine biologische Waffe vorliege, einer völlig veralteten Technik bedienen müssen. Die in einer Entfernung von nur 40 Kilometern stationierten, auf die Erkennung von ABC-Waffen spezialisierten Bundeswehrangehörigen aber hätten die Sache nicht übernehmen dürfen.

Beckstein betont, dass die Polizei kaum in der Lage sei, Bedrohungen aus der Luft abzuwehren. Hier müsse auch beim Schutz ziviler Objekte die Bundeswehr einspringen. Zu den Erfolgsaussichten seiner Initiative sagt er, die rot-grüne Bundesregierung würde die Grundgesetzänderung innerhalb von zwei Wochen herbeiführen, sollte es in Deutschland zu einem terroristischen Anschlag ähnlich dem von New York kommen. Überdies behaupteten alle Sicherheitsexperten, dass der Kulminationspunkt terroristischer Aktivitäten noch nicht erreicht sei. Die öffentliche Kritik an Schily täuscht über die enge Kooperation in der Sache hinweg. Beide seien sich darin einig gewesen, dass sie nach dem 11. September hätten zusammenstehen müssen, berichtet Beckstein später. Die Sicherheitspakete des Bundes habe man in vielen Konferenzen und Telefonaten erarbeitet. Auch die Abstimmung zwischen der Polizei und den Sicherheitsdiensten in den Ländern und dem Bund habe funktioniert.

Mehr gefragt denn je

»Am 11. September hat eine nationale Tragödie die Welt verändert«, sagt Beckstein. Sie hat aber auch die politische Landschaft neu geordnet – und zwar zu Becksteins Gunsten. Der vermeintliche Provinzler, der dem Rest der Republik mit seinen ständigen Warnungen vor der Gefahr gelegentlich auf die Nerven gegangen ist, wird nun mit einem Schlage zu einer anerkannten Autorität. Denn er kennt sich mit der Bedrohung aus, die nun auch jeden Tag Deutschland treffen kann.

Die Forschungsgruppe Wahlen ermittelt für das Politbarometer des Zweiten Deutschen Fernsehens, dass der Terrorismus das Thema Arbeitslosigkeit vom Spitzenplatz der wichtigsten Probleme verdrängt hat. Viele fragende Blicke richten sich nun auf Beckstein. Dies zeigen die emporschnellende Zahl von Interviews, die er deutschen Medien im Herbst des Jahres 2001 gibt, und die Umfragedaten, die das Meinungsforschungsinstitut Infratest dimap im Auftrag des Bayerischen Rundfunks regelmäßig erhebt. Danach erhält der Innenminister im Januar 2002, in der ersten Befragung nach dem 11. September, bis dahin unerreichte Spitzenwerte. Bei allen Wahlberechtigten im Freistaat kommt er auf die Note 2,4. Die Anhänger der CSU bewerten seine Leistungen mit 1,9. Im Laufe des ersten Halbjahres geben die Zahlen wieder nach, um im Frühjahr 2006 wieder signifikant anzusteigen. Doch davon soll später die Rede sein.

In den Tagen nach dem 11. September konnte man ganz nebenbei auch etwas über das Verhältnis zwischen dem Innenminister und seinem Ministerpräsidenten lernen. Dieser hätte das Oktoberfest am liebsten abgesagt, um kein Risiko einzugehen. Beckstein sprach sich dafür aus, es stattfinden zu lassen, und setzte sich durch. Außerdem lud er Stoiber zu einem gemeinsamen Besuch einer Moschee in Nürnberg ein. Damit wollte er ein Signal setzen – gegen die kollektive Verurteilung von Muslimen und für den Dialog der Kulturen.

Auch Stoiber erkannte natürlich die mit der neuen Lage verbundene große strategische Chance der CSU. So stand der Parteitag im Oktober 2001 im Zeichen der neuen sicherheitspolitischen Herausforderungen. Deutschland müsse sich auf einen langen Feldzug gegen den Terrorismus vorbereiten, sagte Stoiber. Nur die CSU könne beim Schutz der inneren Sicherheit auf eine makellose Geschichte zurückblicken. Sie habe sich immer für die Polizei, den Verfassungsschutz und die Bundeswehr eingesetzt. Wie Beckstein, so betrachtete auch Stoiber den Bundesinnenminister als einen nicht ungefährlichen Konkurrenten. »Schily hechelt uns doch immer nur hinterher. Wir sind das Original.« Die Sicherheit habe in Deutschland einen Namen, rief er – und nannte zwei: »CSU und Beckstein«.

Front gegen Merkel

»Angela Merkel wäre für mich eine gute und attraktive Vorsitzende.« Mit diesen Worten mischte sich Beckstein im Februar 2000 forsch in das Duell um die Nachfolge des CDU-Vorsitzenden Schäuble ein. Volker Rühe, der Konkurrent der Generalsekretärin, war als Spitzenkandidat bei den schleswig-holsteinischen Landtagswahlen gescheitert und musste sich von dem bayerischen Innenminister sagen lassen, dass sein Ergebnis ein schmerzhafter Verlust sei und für Rühe »keinen großen Rückenwind« erzeugt habe. Auch der Generalsekretär der CSU, Thomas Goppel, schien an der Dame aus der Uckermark Gefallen zu finden. »Wenn die Inhalte stimmen, ist das sehr wohl eine gute Lösung. Ich habe gar nichts gegen Frau Merkel«, versicherte er und vergaß nicht den Hinweis, dass die CDU mit Merkel die erste Partei im Bundestag wäre, die von einer Frau geführt würde. Diese freundlichen Bemerkungen überdeckten, dass Stoiber sich etwas anders äußerte. Er bescheinigte Rühe, dass er »ein beachtliches Ergebnis« erzielt habe und weiterhin zu den Spitzenpersönlichkeiten der Union gehöre. Der niedersächsische Ministerpräsident Christian Wulff (CDU) unterstrich dagegen seine Präferenz für Merkel.

Als diese wenige Tage vor ihrer Wahl zur Parteivorsitzenden im April zu erkennen gab, dass sie über eine Korrektur der eher konservativen Ausländerpolitik ihrer Partei nachdachte, musste Beckstein sich in seiner ersten positiven Einschätzung korrigieren. Es könne nicht angehen, dass die CDU mit Merkel für die Mitte und den linken Flügel zuständig sei und die CSU für den rechten, sagte er nun. Dies würde die Union auseinanderreißen. Im Juli erlitten Merkel und der neue Chef der Unionsfraktion, Friedrich Merz, ihre erste gemeinsame Niederlage. Es gelang der Bundesregierung, ihre Steuerreform durch den von der Union dominierten Bundesrat zu bringen. Mit finanziellen Zusagen brachten Schröder und sein Finanzminister Eichel die Länder Berlin, Brandenburg und Bremen auf ihre Seite, obwohl dort die CDU als Juniorpartner in der Regierung vertreten war.

Im September 2000 wunderte sich nicht nur die CSU darüber, dass Merkel ein Buch ihres Vorgängers Schäuble vorstellte, in dem dieser seine Rolle in der Spendenaffäre der CDU rechtfertigte. Damit wurde ein Thema wieder belebt, das man doch eigentlich so rasch wie möglich hinter sich lassen wollte. Auch in inhaltlichen Fragen waren Dissonanzen nicht mehr zu überhören. Beckstein betrachtete die Einsetzung einer Zuwanderungskommission unter dem Vorsitz der früheren Bundestagspräsidentin Rita Süssmuth (CDU) mit großer Skepsis. »Wir lassen uns vom Harmonieterror nicht länger einschränken. Die CSU muss wieder mehr auf eigene Rechnung agieren«, meinte er. Die Schwesterpartei nannte er einen »dissonanten Haufen«, der sich von der neuen Führung nicht disziplinieren lasse. Die »Sinnhaftigkeit« dieser Analyse erschloss sich Merkel aber nicht, wie sie sagte.

Zu Beginn des Jahres 2001 geriet Stoiber in Schwierigkeiten. Zunächst erfasste die Tierseuche BSE die Landwirtschaft auch im Freistaat. Dann stellte sich heraus, dass die Sozialministerin Barbara Stamm über den Missbrauch von Medikamenten in der Schweinemast informiert worden war, ohne dagegen vorzugehen. Stoiber trennte sich von ihr und gründete ein Verbraucherschutzministerium, das er dem Präsidenten der Technischen Universität München, Wolfgang Herrmann, antrug. Doch der musste am Tag vor seiner Vereidigung wegen eines Steuerverfahrens demissionieren. So kam der Landtagsabgeordnete Sinner zum Zuge. Stamms Nebenamt, die eher repräsentative Aufgabe des stellvertretenden Regierungschefs, übertrug Stoiber nun Beckstein. Das wäre normalerweise keine größere Staatsaktion gewesen, denn die Aufgabe ist von untergeordneter Bedeutung, und das enge Verhältnis zwischen Stoiber und seinem Innenminister war allseits bekannt. Doch Stoiber galt, als er diese Entscheidung traf, als möglicher Kanzlerkandidat. Ihm war natürlich klar, dass er Beckstein mit dieser Ernennung für den Fall eines Wechsels nach Berlin im Rennen um seine Nachfolge in München einen Startvorteil verschaffte.

Sondieren und Kalkulieren

Im Februar brachte Merz sich als dritten potenziellen Kanzlerkandidaten selbst ins Spiel. Dies sei das erste Mal, dass das Echo vor dem Ruf erschalle, spottete daraufhin Goppel. Im Mai 2001 musste die Union im Bundesrat abermals eine Niederlage hinnehmen. Der sozialdemokratische Arbeitsminister Walter Riester setzte sich mit dem nach ihm benannten Rentenmodell durch. Diesmal reichte das Ausscheren der CDU-Politiker in Brandenburg und Berlin, um die Opposition in ihrer ohnmächtigen Planlosigkeit vorzuführen.

Die Abgeordneten der CSU-Landesgruppe dachten an die nächsten Wahlen und wollten die materielle Grundlage ihrer Existenz nicht mit Merkel aufs Spiel setzen. Auch wenn die meisten Abgeordneten der Landesgruppe Stoiber den Sieg über Schröder anfangs nicht ohne Weiteres zutrauten, so stand für sie doch außer Zweifel, dass sie mit ihm als Galionsfigur in ihren Wahlkreisen mehr Erfolg haben würde als mit der erfolglosen Vorsitzenden der großen Schwesterpartei.

Für Merkel erwiesen sich auch der Einfluss der CSU-Abgeordneten in der Gesamtfraktion und die großen Sympathien, die ihr Gegner Merz dort genoss, als ungünstig. Bei einer Abstimmung über den Kanzlerkandidaten hätte Stoiber schon 2001 jederzeit mehr als zwei Drittel der Stimmen auf sich vereinigt. Er wurde nach der Sommerpause auch in München regelmäßig bearbeitet. Im Kabinett sprachen sich vor allen Wirtschaftsminister Otto Wiesheu, der Leiter der bayerischen Staatskanzlei, Erwin Huber, und Beckstein für seine Kandidatur aus. Dass zwei von den dreien dabei auch ganz fest an das dann frei werdende helle Büro 406 in der Staatskanzlei dachten, war kein Geheimnis.

Stoiber war sich darüber im Klaren, dass er viel zu verlieren hatte. Er war nicht nur ein höchst erfolgreicher Regierungschef, sondern auch der unangefochtene Vorsitzende einer Partei, die regelmäßig allein die Regierung stellte. Was ihm davon im Falle einer Wahlniederlage gegen Gerhard Schröder bleiben würde, ließ sich nur schwer kalkulieren. Niemand wusste besser als er selbst, wie bitter sich Franz Josef Strauß nach der missglückten Kanzlerkandidatur immer wieder darüber beklagt hatte, dass große Teile der CDU ihn nicht unterstützt hätten, weil er zuvor ihren Aspiranten, den niedersächsischen Ministerpräsidenten Ernst Albrecht, in einer Kampfabstimmung besiegt hatte.

Eine solche Auseinandersetzung wollte Stoiber keinesfalls führen. Für ihn kam eine Kandidatur nur in Frage, wenn sie ihm von der CDU angetragen würde. Nur wenn deren Vorsitzende ihre offenkundigen eigenen Ambitionen zurückstellte, würde er die Chance haben, Bundeskanzler zu werden. Doch dann musste er sie auch ergreifen. Er war der Unionspolitiker mit den besten Umfragedaten. Sogar der Rückstand auf Schröder schmolz nach und nach zusammen. Und die CSU war ohne jeden Zweifel die Partei, die in den Zeiten von Terror und Krieg die größte inhaltliche Kompetenz aufzuweisen hatte. Seit zwei Jahrzehnten hatte die CSU nicht mehr den Kanzlerkandidaten der Union gestellt. Schon um den prinzipiellen Anspruch darauf aufrecht zu erhalten, durfte Stoiber die Chance nicht verstreichen lassen, wenn sie sich denn bot. Allerdings konnte er diese Konstellation nicht erzwingen. Sie musste sich in der CDU erst entwickeln, und das brauchte Zeit. Darum wurde Stoiber nicht müde, die Union wieder und wieder an die zwischen ihm und Merkel getroffene Vereinbarung zu erinnern: Die Entscheidung über den Kanzlerkandidaten sollte erst »Anfang 2002« fallen, um den Kandidaten nicht zu früh dem Verschleiß des Vorwahlkampfes auszuliefern. Dass es dabei blieb, hat die CDU-Vorsitzende später immer als Beweis ihrer Führungskraft angeführt. Sie wusste es besser.

Im Unterschied zu Stoiber waren seine Helfer nicht zur Untätigkeit verdammt. Solange sie sich in regelmäßigen Abständen für ihn als Kanzlerkandidaten aussprachen und Merkel in Frage stellten, blieb den CDU-Politikern die Option, sich ebenfalls gegen ihre Parteivorsitzende und für Stoiber auszusprechen, wenn sie die Zeit für gekommen hielten. Wie schon bei dem Duell zwischen Waigel und Stoiber, so fiel es Beckstein auch jetzt nicht schwer, sich zu positionieren. Es gab auf der Gegenseite nur einen Unterschied: Waigel war nicht entschlossen genug vorgegangen. Merkel wollte die Kandidatur um alles in der Welt.

Doch sie hatte keine Erfolge vorzuweisen – im Gegenteil: Im September 2001 wurden die Bürgerschaftswahlen in Hamburg für die CDU zu einem Desaster. Sie kam nur noch auf 26,2 Prozent. Der Landespolitiker Ronald Schill brachte es hingegen mit seiner Partei »Rechtsstaatliche Offensive« auf fast 20 Prozent. Stoiber verzichtete darauf, das Hamburger Ergebnis der Bundespartei anzulasten. Er meinte nur, es zeige sich, dass die CSU die richtige Entscheidung getroffen habe, die innere Sicherheit an die oberste Stelle der politischen Aufgabenliste zu stellen. Viele Forderungen Schills seien in Bayern schon lange Standard. Der Vorsitzende der Landtagsfraktion, Alois Glück, wurde deutlicher. Schills Wahlerfolg sei ein Beleg für Lücken in der CDU. Die Kompetenz und das Profil der CSU bei der Inneren Sicherheit seien aber wichtiger als die Zusammenarbeit mit der CDU. Beckstein verlangte, dass die Schwesterpartei klar und deutlich Position beziehe.

In der Höhle der Löwen

Als Angela Merkel auf dem Parteitag der CSU in der Nürnberger Frankenhalle Mitte Oktober 2001 zu den fast eintausend

Delegierten sprach, schlug ihr unverhohlene Missachtung entgegen. Viele hörten nur mit zur Schau gestellter Langeweile zu, andere lasen eine Zeitung oder unterhielten sich. Der Applaus fiel dürftig aus und hätte wohl noch früher geendet, wenn Edmund Stoiber sich nicht neben die Rednerin auf die Bühne gestellt hätte, um seine Parteifreunde durch demonstratives Klatschen zu animieren. Der Grund für diesen unhöflichen Empfang der CDU-Vorsitzenden war ihre unausgesprochene, aber nicht bestrittene Absicht, als Kanzlerkandidatin in die Bundestagswahlen des Jahres 2002 zu ziehen.

Damit kam sie der CSU in die Quere. Denn die verfügte mit Stoiber nach langen Jahren wieder einmal über einen potenziellen Kandidaten, der sich zwar ebenfalls noch nicht erklärt hatte, dessen Eignung aber nicht in Frage stand. Die Forschungsgruppe Wahlen ermittelte, dass er bei der Frage nach dem besten Kanzlerkandidaten seinen Vorsprung gegenüber Merkel ausgebaut habe und sich weiterhin in einem Aufwärtstrend befinde. Nach 33 Prozent im August und 41 im September sprachen sich im Oktober 43 Prozent aller Wahlberechtigten für ihn als Spitzenkandidaten der Union aus. Die CDU-Vorsitzende wurde von nur 20 Prozent als Herausforderin bevorzugt. Von den Unionsanhängern rechneten sich 60 Prozent mit dem CSU-Chef die besten Chancen für die Wahl im Herbst 2002 aus. Der Parteitag bestätigte ihn mit 96,6 Prozent der Stimmen in seinem Amt.

Als die Partei abends die Feier seines 60. Geburtstages nachholt, dürfen Merkel und ihr Generalsekretär Laurenz Meyer zusehen, wie sie ihm ein außergewöhnliches Geschenk macht: Aus einer großen Torte springt Stoiber die erst wenige Wochen zuvor in die CSU eingetretene, nur spärlich bekleidete Schönheitskönigin des Freistaats entgegen und bringt ihn damit so in Verlegenheit, dass sich Günther Beckstein in dem Bonmot bestätigt fühlen darf, das ihm Jahre zuvor eingefallen war: »Wenn der Edmund wählen dürfte, nähme er lieber eine dicke Akte als eine schlanke Nackte.« Merkel schenkt Stoiber ein mobiles Navigationsgerät, damit er immer die richtige Position einnehmen könne. Aber auch mit dieser Gabe scheint er nichts anfangen zu können. Er sagt: »Ein CSU-Chef weiß immer, wo er steht.« Seine Anhängerschaft stößt sich nicht an seiner Unbeholfenheit – im Gegenteil: Stoiber scheint jetzt schon auf dem Weg zur Kultfigur zu sein. Schließlich ist auf dem Großbildschirm in der Frankenhalle Franz Josef Strauß zu sehen. Der Kabarettist Gerd Fischer ist in seine Rolle geschlüpft und richtet dem größten seiner Schüler einen guten Rat aus: »Edmund, nach meiner unseligen Kanzlerkandidatur musst Du eines wissen: Einem CSU-Politiker ist es de facto unmöglich, mit dem dürftigen Input dieser abgemeyerten und ausgemerkelten CDU-Truppe aus Nordlichtern und Ostgoten eine Wahl zu gewinnen.«

Am 20. Oktober 2001, dem Tag vor den Wahlen zum Berliner Abgeordnetenhaus, prophezeite Beckstein, dass das Resultat »eine neue Welle der Diskussion« über die Führungsqualitäten der CDU-Vorsitzenden erzeugen werde. Der Druck auf die Unionsparteien, den Kanzlerkandidaten früher als verabredet zu bestimmen, werde weiter wachsen. Das hörte sich harmloser an, als es gemeint war. Denn man musste nicht über hellseherische Fähigkeiten verfügen, um zu einer eher düsteren Prognose zu gelangen: Nachdem die CDU im Sommer durch ein gemeinsames Misstrauensvotum von SPD, Grünen und PDS aus der Regierung gedrängt worden war, benötigte sie innerhalb von kurzer Zeit einen neuen Spitzenkandidaten. Merkel hatte sich für Schäuble eingesetzt, war mit diesem Vorschlag aber gescheitert. Stattdessen wurde der von Helmut Kohl protegierte Unternehmer Frank Steffel Spitzenkandidat. Am Wahlabend ließ sich in der Berliner Parteizentrale aus großer Nähe ein Wahldesaster ohnegleichen besichtigen. Die CDU stürzte um 17 Punkte auf knapp 24 Prozent ab. Die Verantwortung dafür hatte Beckstein schon vorher bei Merkel abgeladen. Aber das reichte ihm noch nicht. Der *Focus* berichtete am Montag, dass Stoiber sein Favorit für die Kanzlerkandidatur sei. Aber nicht dieses Votum war bemerkenswert, sondern die Begründung: »Wir wollen doch einen Wahlkampf und keinen Wahlkrampf.« Auch der CSU-Generalsekretär Goppel sparte nicht mit Ratschlägen an die Schwesterpartei. Die »Lektion« des Wahlergebnisses für die CDU bestehe darin, dass sie jetzt Geschlossenheit zeigen müsse.

Drohgebärden

Die Vorsitzende deklariert die Wahl zu einem landespolitischen Ereignis. »Landespolitik und Bundespolitik müssen klar auseinandergehalten werden. Wir halten an unserem Zeitplan fest.« Wer dagegen etwas sagt, bekommt Merkels Zorn zu spüren. Auf dem Deutschlandtag der Jungen Union beschwert sie sich über die »Nörgler, Schienbeintreter und Hinterstubenquatscher«. Bei einer Regionalkonferenz im niedersächsischen Walsrode registriert Matthias Koch, Politikchef der *Hannoverschen Allgemeinen Zeitung,* dass sie Abweichlern neuerdings sogar in Anwesenheit der Medien mit Konsequenzen drohe: »Wer nicht mit am Strang zieht, wird bei der Frau Parteivorsitzenden im Hinterkopf gespeichert und keine Rolle spielen, wenn wir wieder Politik gestalten können.« Das Präsidium der baden-württembergischen CDU fordert trotzdem seinen Vorsitzenden, den Ministerpräsidenten Erwin Teufel, auf, in einem Gespräch mit Merkel darauf hinzuwirken, dass sie zugunsten Stoibers auf die Kanzlerkandidatur verzichte. Und dieser erfüllt den Auftrag mit der unerschrockenen Gründlichkeit, mit der er fast eineinhalb Jahrzehnte lang sein Ländle regiert hat. In diesem Fall allerdings stellt sich der Erfolg nicht ein. Stattdessen müssen sich die Parteifreunde im Südwesten einiges anhören. Die Frau Vorsitzende verlangt Respekt vor den Beschlüssen der Bundespartei und fragt, »ob jeder jeden Tag jedes sagen darf«. Die Autorität der jetzigen Führung müsse genauso akzeptiert werden, wie die der älteren Generation. Deutlicher hätte sie das Problem, das sie an der

Spitze der Partei hatte, nicht zum Ausdruck bringen können. Den »bayerischen Brüdern und Schwestern« erklärt sie, es gehe nicht an, »dass immer dann, wenn wir wieder auf die Beine kommen, ein kleiner Hieb von hinten aus den bayerischen Wäldern kommt«.

Damit meint sie den Vorsitzenden der Landesgruppe, Michael Glos. Dieser hatte als weiteren »denkbaren Bewerber« Schäuble ins Gespräch gebracht, nachdem die Staatsanwaltschaft ein Ermittlungsverfahren wegen uneidlicher Falschaussage in der Spendenaffäre eingestellt hatte. Die Journalisten reagieren wie immer, wenn Glos ihnen Rätsel aufgibt. Sie bezeichneten ihn als einen mit allen Wassern gewaschenen Strippenzieher, begnadeten Analytiker, klugen Taktiker oder strategischen Kopf und erklären, dass er in Wirklichkeit etwas ganz anderes gewollt habe als das Gesagte oder sogar exakt dessen Gegenteil. In diesem Fall glauben die einen, Glos habe Stoiber die Chance geben wollen, aus dem Rennen auszusteigen. Die anderen meinen, er habe ihn veranlassen wollen, endlich seine Kandidatur zu erklären. Alois Glück vermag in Glos' Äußerung überhaupt nichts Geniales zu entdecken und nennt sie »gegenwärtig nicht verständlich«. Goppel empfindet sie als »nicht hilfreich«. Merkels scharfe Replik wertet er als »unnötige Empfindlichkeit«. Sie zeige, dass die Nerven der CDU-Vorsitzenden blank lägen. Schäuble selbst kommentiert den Vorschlag mit den Worten, es gebe schlimmere Beleidigungen. Er genießt es, wieder einmal für Großes im Gespräch zu sein, und damit das Intermezzo noch ein wenig andauert, vermeidet er sorgsam jede Äußerung, die als Absage gewertet werden könnte.

Im November 2001 kommt es im geschäftsführenden Vorstand der Bundestagsfraktion zu einer Aussprache, in der Merkel mit offener Kritik konfrontiert wird. Diese betrifft zunächst die schlechten Ergebnisse bei den zurückliegenden Landtagswahlen. Außerdem wird bemängelt, dass es in der Union keinen Kreis von Politikern gebe, die sich kompetent um die zentralen politischen Aussagen kümmern könnten. Die CDU habe keines der großen politischen Themen der Legislaturperiode zufriedenstellend behandelt. So sei Merkel zum Beispiel unfähig oder nicht willens, die Chancen zu nutzen, die in der ablehnenden Haltung der großen Mehrheit der Bevölkerung gegenüber einer weiteren Einwanderung liege. Der stellvertretende Fraktionsvorsitzende Seehofer sagt, er habe nicht die Absicht, sich an einer organisierten Pleite zu beteiligen. Merkel reagiert sehr erregt und spricht abermals davon, dass sie in ihrem Hinterkopf abspeichere, wer sich jetzt mit Querschüssen hervortue. Daraufhin schallt ihr die Frage entgegen: »Wie groß ist denn Ihre Festplatte?« Ein paar Jahre später wird sich erweisen, dass Merkel keine leeren Drohungen ausgestoßen hat. Wie angekündigt, gibt bei den Personalentscheidungen der Kanzlerin in der Regel das Kriterium der persönlichen Ergebenheit den Ausschlag.

Anfang Dezember findet der Bundesparteitag in Dresden statt. Die K-Frage spielt nur auf den Gängen eine Rolle. Der neue Gedanke, der dort erörtert wird, läuft darauf hinaus, dass Merkel ihrem Konkurrenten die Kanzlerkandidatur anbieten könnte, um sich Zusagen für die Zeit nach der Wahl machen zu lassen.

Eine Woche später gerät sie wieder in Bedrängnis. Der saarländische Ministerpräsident Müller äußert in einem Hintergrundgespräch mit Journalisten, führende Unionspolitiker wollten gemeinsam mit Merkel eine einvernehmliche Entscheidung zugunsten von Stoiber herbeiführen, bei der sie ihr Gesicht wahren könne. Die CDU-Vorsitzende gibt sich unbeeindruckt. Sie meint: »Die Angst vor mir muss groß sein.« Die CSU vermeidet jetzt weitere Provokationen. Merkel geht in die Offensive. Am Heiligen Abend wird sie in den Zeitungen mit der Aussage zitiert: »Ich weiß, dass Edmund Stoiber es werden will, aber ich will es auch.« Ein paar Tage später wird eine neue Umfrage des Instituts Forsa bekannt. Danach sprechen sich von den Anhängern der Unionsparteien 76 Prozent für Stoiber als Kanzlerkandidaten aus. Merkel aber schreibt in ihren Neujahrsgrüßen an die Mandats- und Funktionsträger ihrer Partei: »Wir wissen, dass es um mehr geht als um das bloße Vertrauen auf wöchentliche Wasserstandsmeldungen.«

Vor dem Frühstück

In der CDU steht der nordrhein-westfälische Landesverband hinter ihr. Er macht zwar immerhin mehr als ein Drittel der Bundespartei aus, ist aber mit seiner Haltung ziemlich isoliert. Die große Mehrheit von Partei und Fraktion lehnt Merkels Kandidatur ab. Ihre letzte Chance wäre ein Verzicht Stoibers. Doch dem bietet sich im Januar 2002 exakt die Konstellation, in der er eine Kandidatur wagen kann – und darum wollen muss. Nach der traditionellen Klausurtagung der Landesgruppe in Wildbad Kreuth verliest Glos einen Text, dessen schüchterne, fast zartfühlende Formulierung nicht so recht zu dem Ort passen will, an dem sie ersonnen wurde: »Wir werben um die Zustimmung unserer Schwesterpartei CDU für das Angebot der CSU, nämlich ihren Parteivorsitzenden Stoiber als gemeinsamen Kanzlerkandidaten zu präsentieren.« Glos und der stellvertretende CSU-Vorsitzende Horst Seehofer sagen, dass eine Entscheidung nur einvernehmlich fallen könne: »Es darf niemand beschädigt werden. Wir sind uns bewusst, dass wir nur erfolgreich sein können, wenn die Harmonie mit unserer Schwesterpartei erhalten bleibt.«

Das ist eine höchst sensible Reaktion auf das Verhalten der CDU-Vorsitzenden und zugleich das Signal, auf das insbesondere die Ministerpräsidenten Teufel, Müller, Koch, Wulff und auch der stellvertretende Regierungschef Schönbohm gewartet haben. Erst jetzt können sie Merkel zum Aufgeben zwingen, ohne befürchten zu müssen, dass Stoiber am Ende gar nicht zur Verfügung steht. Koch bricht sogar seinen Skiurlaub ab, um an einer Sitzung von Präsidium und Bundesvorstand seiner Partei im Magdeburger Parkhotel »Herrenkrug« teilzunehmen. Nachdem Merkel trotz einer Serie von Misserfolgen gegen den Willen von Partei und Fraktion über Monate hinweg auf Biegen und Brechen versucht hat, ihre Kanzlerkandidatur durchzusetzen, droht ihr nun das Ende ihrer politischen Existenz. Sie verhindert es, indem sie Stoiber am Tag zuvor bei dem berühmt gewordenen Frühstück am 11. Januar 2002 in Wolfratshausen die Kandidatur anträgt.

Im Schatten des Kanzlerkandidaten

Als der Stenografische Dienst des Bundesrates im März des Jahres 2002 Wort für Wort einen Tiefpunkt des deutschen Parlamentarismus protokollierte, ging es um eines der langwierigsten und am meisten umkämpften Gesetzgebungsverfahren der Ära Schröder. Dessen Kabinett war im Herbst 1998 gerade erst vereidigt, als die Grünen ihren Ohren nicht zu trauen glaubten. Der neue Bundesinnenminister Otto Schily verkündete: »Die Grenze der Belastbarkeit Deutschlands durch Zuwanderung ist überschritten.« Daran würde auch ein Gesetz nichts ändern. Denn die Quote der Zuwanderer müsse ja »auf Null« verringert werden. Beckstein jubilierte, nannte Schilys Äußerung »ebenso klar wie realistisch«, äußerte aber die Befürchtung, dass Schily in seiner Koalition »einen schweren und steinigen Weg« gehen müsse. Den wollte dieser sich aber nicht zumuten. Im August 2001 legte er ein »Zuwanderungsbegrenzungsgesetz« vor, das seinem Namen jedenfalls aus Becksteins Sicht Hohn sprach und in Wirklichkeit dazu angetan war, einen stärkeren Zuzug von Ausländern auszulösen.

Der bayerische Innenminister war zwar nach wie vor in die Verhandlungsführung auf der Bundesebene eingebunden; aber seit Stoiber im Januar 2002 zum gemeinsamen Kanzlerkandidaten von CDU und CSU ausgerufen worden war, schaltete er sich gern in die öffentliche Debatte ein, um sich zu profilieren. Das Einwanderungsgesetz bot sich dafür an, denn es galt als ein Prestigeprojekt der Regierung Schröder, benötigte aber die Zustimmung des Bundesrates. Dort standen sich die von der SPD und der Union geführten Bundesländer mit jeweils 31 Stimmen gegenüber. Zünglein an der Waage war das Land Brandenburg, in dem der sozialdemokratische Ministerpräsident Manfred Stolpe und der CDU-Innenminister Jörg Schönbohm mit einigem Erfolg eine große Koalition zusammenhielten. Weil der eine das Zuwanderungsgesetz befürwortete und der andere es ablehnte, hätte eigentlich die im Koalitionsvertrag fixierte Vereinbarung greifen müssen, nach der Brandenburg sich bei konträren Auffassungen der Regierungsfraktionen im Bundesrat enthielt. Dies hätte allerdings in diesem Fall bedeutet, dass das Gesetz gescheitert wäre. Um Schröder ein halbes Jahr vor den Bundestagswahlen eine solche Niederlage zu ersparen, wollte Stolpe bei der entscheidenden Abstimmung im Bundesrat entgegen der Vereinbarung mit Ja stimmen. Mit diesem unverhohlenen Vertragsbruch mutete er Schönbohm ein Dilemma zu: Stimmte er auch zu, würde er der Union eine Niederlage bereiten. Seine Ablehnung, so glaubte er jedenfalls zunächst, würde zu einer Enthaltung und damit zu einer Schlappe Schröders führen, aber den Bruch der Koalition in Brandenburg bedeuten.

Beckstein forderte Schönbohm in einem Zeitungsinterview auf, Solidarität mit der gesamten Union zu üben. Es sei nicht akzeptabel, in einer derart bedeutenden Frage gegen die eigene Überzeugung zu votieren, »nur um eine Koalition zu retten«. Das war eine Anmaßung, zumal sie von einem Kabinettsmitglied ausging, das einer Alleinregierung angehörte und die Mühsal einer Koalition noch nie selbst hatte erdulden müssen. Beckstein beglich damit ganz nebenbei noch eine offene Rechnung: Denn Schönbohm, ein ebenfalls über sein Land hinaus profilierter und sachkundiger Innenminister, hatte Beckstein beim NPD-Verbotsverfahren »politischen Dilettantismus« vorgeworfen. Auf seine Belehrung reagierte er mit den Worten, er lasse sich von niemandem sagen, »was Pflicht ist«.

Unterdessen sickerte schon vor der entscheidenden Sitzung der Länderkammer durch, dass Klaus Wowereit, amtierender Präsident des Bundesrates und Regierender Bürgermeister von Berlin, erwog, bei einer uneinheitlichen Stimmabgabe des Landes Brandenburg einem Rechtsgutachten seiner Beamten zum Trotz ausschließlich die Stimme des Ministerpräsidenten Stolpe zu werten und dem Gesetz damit die Zustimmung zu verschaffen, die Schröder benötigte.

Wowereits Rechtsbruch

Am 22. März ist Bayern neben Brandenburg das einzige Land, dessen Vertreter beide ans Rednerpult treten – erst Stoiber, später Beckstein. Doch diese demonstrative Präsenz interessiert niemanden. Nur auf die Abstimmung kommt es jetzt noch an. Stolpe hat seinem Stellvertreter vorher angekündigt, dass sein Sozialminister Alwin Ziel beim Aufruf des Landes Brandenburg mit Ja stimmen werde. Ein Nein von Schönbohms Seite werde er hinnehmen. Wenn der Präsident dann noch einmal frage, werde er selbst mit einem Ja antworten, sagte Stolpe. Sollte Schönbohm dann noch einmal widersprechen, werde er ihn aus dem Ministeramt entlassen. Um von vornherein für Klarheit zu sorgen, kündigt Schönbohm schon in seiner Rede an, dass er dem Gesetz nicht zustimmen werde, und bittet Wowereit, von weiteren Nachfragen abzusehen. Als der Schriftführer nach der stundenlangen Debatte die Länder nacheinander aufruft, stimmt der Minister Ziel erwartungsgemäß mit Ja. Schönbohm setzt ein Nein dagegen.

Damit ist Brandenburgs Stimme nach allen einschlägigen Vorschriften und Gutachten als ungültig zu werten. Doch Wowereit wendet sich nun an Stolpe und fragt noch einmal, »wie das Land Brandenburg abstimmt«. Die Antwort: »Als Ministerpräsident des Landes Brandenburg erkläre ich hiermit Ja.« Schönbohm wird nicht mehr gefragt, ruft aber: »Sie kennen meine Auffassung, Herr Präsident!« Stolpe beugt sich zu Schönbohm herüber und sagt: »Das war ein Satz zu viel.« Schönbohm antwortet: »Dann sei es so.« Wowereit verkündet: »Damit stelle ich fest, dass das Land Brandenburg mit Ja abgestimmt hat.« Die Ministerpräsidenten Koch und Müller protestieren lautstark und gestenreich. Als sie keine Ruhe geben, sagt Wowereit: »Ich kann auch Herrn Ministerpräsidenten Stolpe noch mal fragen, ob das Land noch Klärungsbedarf hat.« Koch: »Das Land hat keinen Klärungsbedarf! Sie manipulieren eine Entscheidung des

Bundesrates! Was fällt Ihnen ein!« »Verfassungsbrecher!«, schallt es aus dem Plenum. Wowereit wendet sich an Stolpe, Koch ruft noch: »Herr Präsident, nein!« Stolpe sagt: »Als Ministerpräsident des Landes Brandenburg erkläre ich hiermit Ja.« Wowereit sagt: »So, dann ist das so festgestellt. Ich bitte fortzufahren in der Abstimmung.«

In der Öffentlichkeit wird nicht in erster Linie Wowereits Vorgehensweise bemängelt, sondern der für den vornehmen Bundesrat untypische Protest der beiden jungen Ministerpräsidenten. Die Kritik schlägt in Empörung um, als Müller zwei Tage später freimütig zugibt, dass es sich dabei um »legitimes Theater« gehandelt habe. Die Vertreter der Union hätten es am Vorabend der Sitzung des Bundesrates vereinbart, um die Öffentlichkeit auf die von ihnen schon befürchtete skandalöse Vorgehensweise Wowereits aufmerksam zu machen. Stoiber kündigt an, dass die Union zunächst abwarten wolle, ob der Bundespräsident das Gesetz unterzeichne, und erst danach über eine Verfassungsbeschwerde entscheiden werde.

Im Sommer 2002, etwa ein Vierteljahr vor der Bundestagswahl, kam der alte Sozialdemokrat Johannes Rau zu einer Lösung. Er leistete seine Unterschrift und erteilte den Auftrag zur Verkündung des Gesetzes. Für ihn stehe nicht »zweifelsfrei und offenkundig« fest, dass bei seinem Zustandekommen gegen das Grundgesetz verstoßen worden sei. Darum mache er nun den Weg frei für eine Entscheidung des Bundesverfassungsgerichtes. Im Übrigen beklagte er, dass die »Art und Weise, wie die Sitzung des Bundsrates am 22. März verlaufen ist«, dem Ansehen von Staat und Politik Schaden zugefügt hätten. »Ich rüge das Verhalten des Ministerpräsidenten des Landes Brandenburg und seines Stellvertreters. Ich rüge und ermahne aber auch alle übrigen, die zu diesem Ansehensverlust beigetragen haben.« Indem Rau seine »Rüge« gleichmäßig auf SPD und CDU bezog, ersparte er seinen Sozialdemokraten kurz vor der Bundestagswahl eine Schlappe. Damit erwies er sich als parteiisch. Was er an Schönbohms Verhalten auszusetzen hatte, erläuterte er mit keinem Wort. Tatsächlich musste dieser in einem sehr unübersichtlichen Moment politischen, parteitaktischen, juristischen und menschlichen Aspekten gerecht werden – und sich dabei selbst treu bleiben. Diese besondere Herausforderung hatte er bravourös bewältigt.

Wowereit hingegen war ohne besondere Erwähnung davongekommen. Er sprach von einer »weisen Entscheidung«. Müller kündigte für die unionsgeführten Bundesländer eine Klage beim Bundesverfassungsgericht an und sagte, das Gesetz trage den Makel der Verfassungswidrigkeit auf der Stirn. Der Kanzlerkandidat Stoiber befand sich längst auf dem Kurs des Staatsmannes. Er lobte den Bundespräsidenten dafür, dass er sich eine Entscheidung des Verfassungsgerichts wünschte. Eine von der Union geführte Bundesregierung werde das Zuwanderungsgesetz ändern. Der Einzige der sich etwas schärfer äußerte, war Beckstein. Er meinte, eine Verweigerung der Unterschrift hätte der Kontrollfunktion des Bundespräsidenten eher entsprochen.

Ein halbes Jahr später erklärten die Karlsruher Richter das Zuwanderungsgesetz für nichtig. Die große Mehrheit des Senats vertrat die Auffassung, dass der Dissens in der Landesregierung Brandenburgs in der Sitzung des Bundesrates schon in den Reden und bei der ersten Stimmabgabe klar zutage getreten sei. Damit sei das Votum ungültig gewesen. »Zu einer Lenkung des Abstimmungsverhaltens mittels anschließender Nachfrage war der Bundesratspräsident unter den gegebenen Umständen nicht befugt.«

Nachfolgedebatte in München

Als Stoiber sich zu Anfang des Jahres 2002 anschickte, das Berliner Kanzleramt zu erobern, ließ sich die Diskussion über die Frage, wer in die Staatskanzlei am Münchner Hofgarten einziehen würde, nicht mehr länger hinter der vorgehaltenen Hand führen. Als ernsthafte Kandidaten wurden der Leiter der Staatskanzlei, Erwin Huber, Innenminister Günther Beckstein, Fraktionschef Alois Glück sowie der Generalsekretär Thomas Goppel genannt.

Der Sohn des langjährigen Ministerpräsidenten Alfons Goppel war, wie auch Stoiber und Beckstein, im Jahr 1974 ins Maximilianeum eingezogen und erlebte mit, wie Stoiber und andere Helfer aus dem Kreis um Strauß seinen Vater in der zweiten Hälfte der siebziger Jahre bedrängten, die Staatskanzlei endlich für den Parteivorsitzenden zu räumen. Thomas Goppel betrachtete es nicht als große Zumutung, wenn sein Vater im Jahr 1978 im Alter von 72 Jahren nach 16 erfolgreichen Jahren das Amt abgeben würde. Deshalb brachte er für das Ansinnen von Strauß und seinen Leuten Verständnis auf. Doch Stoiber, so sieht es jedenfalls Goppel, habe ihm das nie abgenommen und immer geglaubt, dass er ihm sein Verhalten nachtrage. So fehlte die Voraussetzung für ein Vertrauensverhältnis von Anfang an.

Als Stoiber 1993 Ministerpräsident wurde, hatte Goppel schon unter Strauß und Streibl dem Kabinett angehört. Nun wurde er Umweltminister. Nach der Wahl von 1998 bot Stoiber ihm das Amt des Generalsekretärs an. Das hätte der Zweiundfünfzigjährige als Provokation ablehnen können, denn diese Position dient gewöhnlich jungen Heißspornen dazu, sich für das Kabinett zu empfehlen. Als der Staatsminister a. D. die Aufgabe trotzdem übernahm, beorderte Stoiber seinen Beamten Michael Höhenberger aus der Staatskanzlei als Aufpasser in die Parteizentrale. Dies hielt Goppel nicht davon ab, sich mit gewaltigem Einsatz in allen Gliederungen der CSU Freunde zu machen. So wäre im Jahr 2002 ein kräftiger Vorstoß zu Gunsten einer Kandidatur des Sechsundfünfzigjährigen als Stoiber-Nachfolger in der ganzen Partei wohl auf große Zustimmung gestoßen. Doch der Generalsekretär hatte zwar am paradiesischen Westufer des Ammersees einen schönen Stimmkreis, aber es fehlte ihm die Hausmacht, die ihn mit der nötigen Wucht ins Spiel brachte. Und dafür, dass der im unterfränkischen Aschaffenburg aufgewachsene Lehrer mit Doktortitel sie nicht bekam, sorgte der mächtige Bezirksvorsitzende Alois Glück.

Dieser wurde 1940 geboren und bewirtschafte im Chiemgau den Bauernhof seiner Eltern, nachdem der Vater in Frankreich gefallen war. Im Selbststudium holte er versäumtes Wissen nach. Später arbeitete er als Agrarjournalist. Dem Landtag gehörte er seit 1970 an. 1986 wurde er Staatssekretär im Umweltministerium, zwei Jahre später übernahm er die Führung der Landtagsfraktion. Schon an dem Übergang von Streibl zu Stoiber im Jahr 1993 wirkte er mit, ohne dass sich ihm die Chance geboten hätte, selbst an die Spitze des Freistaates vorzurücken. Als Fraktionsvorsitzender genoss Glück lange Jahre hohes Ansehen – nicht nur in Bayern, sondern zu den Zeiten von Helmut Kohl auch im Bonner Kanzleramt. Der leidenschaftliche Bergwanderer, der dem Hauptausschuss im Zentralkomitee der deutschen Katholiken angehört, kümmerte sich im Auftrag Stoibers auch um das Grundsatzprogramm der Partei, galt gar als ihr »Vordenker«. Angebote, ins Kabinett einzutreten, lehnte er mehrfach ab, zuletzt auf dem Höhepunkt der BSE-Krise zu Beginn des Jahres 2001. Dass Glück Stoibers am Ende gescheiterten Versuch duldete, den Universitätspräsidenten Herrmann an der Fraktion vorbei als Minister zu installieren, nahmen viele Abgeordnete ihm allerdings übel. Bei seiner Wiederwahl im April 2001 stimmten 16 von 123 Fraktionsmitgliedern gegen ihn. Wegen der auch darin zum Ausdruck kommenden Abnutzung war der Zweiundsechzigjährige im Jahr 2002 unter den vier genannten Persönlichkeiten wohl diejenige mit den geringsten Chancen. Dies wiederum war ein guter Grund für seinen Konkurrenten Beckstein, ihm »die stärkste Ausgangslage« zu bescheinigen – wegen seiner »bewundernswerten geistig-konzeptionellen Kraft«.

Erwin Huber

Erwin Huber hingegen erschien unverbraucht. Dabei hatte der Fünfundfünfzigjährige ebenfalls die harte Schule des Lebens hinter sich. Der jüngste von drei Söhnen einer Kriegswitwe wuchs ohne Strom und fließendes Wasser auf dem Einsiedlerhof eines Onkels im niederbayerischen Landkreis Dingolfing auf. Während Beckstein dem Bildungsbürgertum entstammt, fehlte Hubers Mutter das nötige Geld, um ihren Jüngsten aufs Gymnasium zu schicken. An der Realschule erwarb dieser mit der Note 1,1 die Mittlere Reife. Die Ausbildung zum Steuerinspektor in Dingolfing schloss er als Jahrgangsbester in ganz Bayern ab. Dann wechselte er nach München, um dort unter anderem in der Pressestelle des Finanzministeriums zu arbeiten. Am Abendgymnasium holte er das Abitur nach. Anschließend studierte Huber neben dem Beruf Volkswirtschaft.

Stärker als die Weltstadt prägte ihn das Leben in der Provinz. In der katholischen Heimatgemeinde war Huber Messdiener, im Fußballverein spielte er linker Läufer, und mit dem Schwiegervater, dem sozialdemokratischen Bürgermeister einer Nachbargemeinde, stritt er über die Ostpolitik der sozial-liberalen Koalition – bis Ehefrau oder Schwiegermutter sich einschalteten. Während Beckstein sich im CVJM engagierte, war Huber in der katholischen Jugend aktiv. Einmal übernahm er die Führung einer Kolpingfamilie. Später wurde er Vorsitzender der Jungen Union, zunächst im Kreis Dingolfing, dann im Bezirk Niederbayern. Im Jahr 1978 zog Huber als Zweiunddreißigjähriger über die Liste zum ersten Mal in den Landtag ein. 1986 wurde er Vorsitzender des Umweltausschusses. Zwei Jahre später machte Strauß ihn zum Generalsekretär der CSU. Fast zur selben Zeit stieg Beckstein zum Staatssekretär im Innenministerium auf. Schwere politische Niederlagen, wie er sie beispielsweise 1987 bei der Wahl des Oberbürgermeisters in Nürnberg erlitt, blieben Huber erspart. Aber er musste Kritik einstecken, etwa als die

CSU bei den Kommunalwahlen im Jahr 1990 Stimmen einbüßte. Es hieß, er habe einen Hang zur Vereinfachung.

Als Stoiber seinen Staatssekretär Beckstein 1993 zum Innenminister beförderte, wollte er auch Huber, einen Gefolgsmann Waigels, einbinden und in sein Kabinett holen. Weil sich aber kein geeignetes Schlüsselressort fand, behielt der Generalsekretär seine Position an der Spitze der Landesleitung, um die Landtagswahl von 1994 zu organisieren. Wenn die CSU in dieser schwierigen Zeit den Höhenflug der Republikaner stoppen konnte und 52,8 Prozent der Stimmen bekam, so war dies vor allem der Korrektur des Asylrechts in Bonn und der dadurch erheblich erleichterten Abgrenzung von den Rechten zu verdanken. Nach der Wahl wurde Huber zunächst Leiter der Staatskanzlei. Im November 1995 trat er an die Spitze des Finanzministeriums und kämpfte nicht ohne Erfolg dafür, dass die Leistungsschwachen beim Länderfinanzausgleich am Ende grundsätzlich nicht besser dastehen dürfen als die Starken. Nach der Landtagswahl von 1998 kehrte Huber auf Stoibers Wunsch in die Staatskanzlei zurück und spielte dort die einflussreiche Rolle, die Stoiber einst unter Strauß eingenommen hatte. Weil er außerdem noch Vorsitzender des Bezirksverbandes Niederbayern war, galt er im Jahr 2002 als aussichtsreicher Anwärter auf das Amt des Ministerpräsidenten.

Die bayerischen Wähler setzten ihre Hoffnungen jedoch vor allem auf Beckstein. Bei einer Umfrage des Instituts Infratest dimap wünschten sich im April 2002 exakt 34 Prozent ihren Innenminister als Stoibers Nachfolger. Auf dem zweiten Rang landete mit 14 Prozent die Tochter von Franz Josef Strauß, Kultusministerin Monika Hohlmeier. Ihr hohes Ansehen hing natürlich mit ihrer Herkunft zusammen. Diese wiederum hatte auch ihrer Begabung keine engen Grenzen gesetzt. Indes: Als Vierzigjährige kam Hohlmeier im Jahr 2002 für das Amt des Ministerpräsidenten noch nicht ernsthaft in Frage. Sie war eine Hoffnungsträgerin mit langfristiger Perspektive. Für Alois

Glück als Regierungschef sprachen sich in der Umfrage zwölf Prozent aus. Huber bekam nur zehn, Goppel neun Prozent.

»Natürlich war das die Frage: Wer dann der neue Ministerpräsident werden würde«, sagte Beckstein im April 2004 in einem Interview des Bayerischen Fernsehens. Der Chefredakteur Sigmund Gottlieb führte es, lange bevor der Nürnberger tatsächlich Regierungschef wurde, und erfuhr dabei auch etwas über die Spekulationen von Beckstein und Huber im Jahr 2002: »Wir haben uns damals immer wieder darüber unterhalten, wie das dann wohl werden wird. Wir waren der Meinung, dass Stoiber dann, wenn er nach Berlin geht, keinen aus der Regierung hier in Bayern mitnehmen wird, weil dann ja möglicherweise auch eine Nachfolgediskussion entstehen wird.«

Im Kompetenzteam

Es kam anders. An einem Dienstagmorgen im April 2002, nur vier Tage vor der Aufstellung der Liste für die Bundestagswahlen, bestellt Stoiber Beckstein zu sich. Als dieser das Büro betritt, verzichtet er auf einen Gruß und sagt unvermittelt: »Du gehst mit mir nach Berlin.« Beckstein ist völlig verblüfft und nicht begeistert. Er schluckt, und nennt Leute, die doch ebenso gut für ein Ministeramt in Berlin geeignet seien. Stoiber unterbricht ihn: »Das kannst du dir alles sparen, ich habe es mir reiflich überlegt. Wir kennen uns, und ich brauche dort in Berlin einfach jemanden, zu dem ich erstens absolutes Vertrauen habe und der zweitens die Kernkompetenz auf dem Gebiet Innere Sicherheit besitzt.« Beckstein antwortet: »Na gut, wenn du das sagst, dann ist das völlig klar.«

Die Delegierten wählten Stoiber mit 98,8 Prozent zum Spitzenkandidaten der CSU. Den Franken setzen sie mit einem Votum von 99,2 Prozent auf den für ihn vorgesehenen fünften Platz der Landesliste. Stoiber kündigt an, dass Beckstein in seinem »Kompetenzteam« für die innere Sicherheit verantwortlich sein werde, um die Auseinandersetzung mit Bundesinnenminister Schily zu führen. Er selbst ließ sich in seinem Wahlkampf von dem früheren Chefredakteur der *Bild am Sonntag*, Michael Spreng, beraten. Er präsentierte sich als Mann der Mitte und suchte jede Polarisierung zu vermeiden. Um die Stammwählerschaft nicht zu enttäuschen und der konservativen Klientel ein ansprechendes Personalangebot zu machen, war Beckstein die ideale Ergänzung. Der frühere Gesundheitsminister Horst Seehofer wurde für Soziales zuständig.

Beckstein bezeichnete seine Berufung pflichtgemäß als »tolle Herausforderung«. Er verhehlte aber nicht, dass er lieber bayerischer Ministerpräsident würde. Zu seiner neuen Berliner Perspektive sagte der Achtundfünfzigjährige: »Nachdem ich erfahren habe, dass ich es will, will ich es auch und freue mich darüber.« Allerdings war von Anfang an klar, dass das Kompetenzteam kein Schattenkabinett sein konnte und die Aussicht auf ein Ministeramt auch im Fall eines Wahlsieges nur vage war. Sogar im Falle Becksteins konnte Stoiber nicht restlos ausschließen, dass dieser am Ende womöglich gar nicht die Nachfolge Schilys antreten könne – wenn etwa die FDP das Ressort für sich beanspruche. Im Juli erklärte Stoiber, dass auch der brandenburgische Innenminister Schönbohm zur »absoluten Führungsmannschaft« zähle, auch wenn er nicht dem Kompetenzteam angehöre. Auch er wäre geeignet gewesen, die Nachfolge Schilys anzutreten, und hätte für Beckstein in Berlin einspringen können, wenn er als Ministerpräsident in München geblieben wäre. Ungeachtet dessen glaubt Huber noch heute, dass er im Falle eines Wechsels von Stoiber nach Berlin »mit einer hohen Wahrscheinlichkeit« dessen Nachfolger geworden wäre.

»Die CSU wird in Bayern rasch Personalentscheidungen treffen«, kündigt er am Abend des 22. September 2002 im Foyer der Hanns-Seidel-Stiftung in München an. Zur selben Zeit triumphiert Edmund Stoiber in der Berliner CDU-Zentrale: »Wir haben die Wahl gewonnen!« Doch die Union kann sich nur für ein paar Augenblicke als Siegerin fühlen. Denn die günstigen Hochrechnungen erhärten sich nicht. Schröder hat sich im Elbhochwasser besser in Szene gesetzt als sein Herausforderer. Außerdem machte er die Pläne Washingtons für einen Irak-Feldzug zum Gegenstand einer antiamerikanischen Wahlkampagne und münzte auf diese Weise die Angst der Deutschen vor dem Krieg in Wählerstimmen um. So bekamen Union und SPD am Ende jeweils nur 38,5 Prozent der Stimmen. Die Grünen waren mit 8,6 Prozent stärker als die FDP mit 7,4 Prozent. Schröder konnte weiterregieren.

Stoiber hatte es immerhin geschafft, die Union nach dem Spendenskandal der CDU wieder auf das Niveau der SPD zu bringen. Anders als Strauß hatte er es auch vermocht, die ganze Union im Wahlkampf hinter sich zu versammeln. Aber wie Strauß, so musste auch er die Erfahrung machen, dass ein bayerischer Kanzlerkandidat es im Norden der Republik schwer hat – vom Osten gar nicht zu reden. Und noch ein Phänomen der Bundestagswahl von 1980 wiederholte sich: In Bayern legte die CSU noch einmal zu. Sie steigerte sich um rund elf Punkte auf 58,6 Prozent. Auf das Bundesgebiet umgerechnet, bedeutete dies einen Stimmenanteil von neun Prozent. Damit war sie vor den Grünen und der FDP die drittstärkste Partei in Deutschland. »Unter allen Niederlagen, die wir erringen konnten, war dies der schönste Sieg«, lautete die Analyse, die der Generalsekretär Goppel der ihm eigenen Formulierungskunst entwand.

Die Konsequenz wurde in ihrer ganzen Leere erst im Laufe der Woche offenbar. Innenminister Beckstein ging zur Tagesordnung über, indem er mitteilte, dass der Rottweiler und fünf weitere Hunderassen in Bayern künftig als Kampfhunde der Kategorie II gelten sollten. »Wer sie halten will, braucht eine spezielle Erlaubnis seiner Wohngemeinde.«

Aufreibende Reformen

»Zum ersten Mal in der Geschichte der Bundesrepublik verfügt eine Partei, Stoibers CSU, jetzt über eine Zweidrittelmehrheit der Sitze in einem Landesparlament. So weit, so furchterregend.« Mit diesen Worten kommentierte die Berliner *taz* den Ausgang der bayerischen Landtagswahlen bereits am Samstag vor dem Urnengang. Am Sonntag, dem 21. September 2003, wurde die angesichts der Umfragen nicht allzu gewagte Prognose Wirklichkeit: Die CSU bekam mit 60,7 Prozent der Stimmen 7,8 Punkte mehr als im Jahr 1998. Damit reagierten die Bayern auf Stoibers Niederlage bei der Bundestagswahl im Jahr 2002 mit einer Wiedergutmachung, die noch etwas massiver ausfiel als im Fall von Franz Josef Strauß 22 Jahre zuvor. Die SPD stürzte auf 19,6 Prozent ab. Die Grünen erhielten 7,7 Prozent. In dem auf 180 Sitze verkleinerten Landtag verfügte die CSU nun mit 124 von 180 Mandaten über mehr als zwei Drittel der Stimmen.

Nachdem der Fraktionsvorsitzende Glück seinem Wunsch entsprechend Parlamentspräsident geworden war, galt Huber als der Wunschkandidat der Abgeordneten. Doch es gelang Stoiber, ihn in der Staatskanzlei zu halten und mit einer Herkulesaufgabe zu betrauen: Er sollte eine radikale Verwaltungsreform durchsetzen und außerdem für die Beziehungen zum Bund zuständig sein. Hubers Aufgabe als »Superminister« entsprach der Sonderrolle, in die er spätestens in der ersten Hälfte des Jahres 2003 hineingewachsen war. Es bestand Einigkeit unter Politikern und Journalisten, dass er Ministerpräsident geworden wäre, wenn Stoiber sich im Mai 2004 zum Staatsoberhaupt hätte wählen lassen. Als sich in der Bundesversammlung eine Mehrheit für Union und FDP abzeichnete, boten die Parteivorsitzenden Merkel und Westerwelle ihm das Amt an. Doch Stoiber lehnte ab.

An die Spitze der Fraktion rückte nun Joachim Herrmann. Der Vorsitzende des Bezirks Mittelfranken hatte als stellvertretender Generalsekretär, Staatssekretär im Sozialministerium und stellvertretender Fraktionsvorsitzender noch nicht die Chance gehabt, seine Eignung für diese wichtige und schwierige Führungsaufgabe unter Beweis zu stellen. Nun musste er mit einer sehr heterogenen und konfliktträchtigen personellen Struktur umgehen: Die 32 der insgesamt 124 CSU-Abgeordneten, die über ihre Bezirksliste ins Maximilianeum eingezogen waren, ließen sich in drei etwa gleich große Gruppen unterteilen. Die erste bestand aus Abgeordneten, die auf den vorderen Plätzen abgesichert gewesen waren und sich unter normalen Umständen auch bei künftigen Wahlen um ihr Mandat nicht sorgen musste. Von diesem Führungspersonal durfte man erwarten, dass es die Fraktion stabilisieren würde. Denn nichts sicherte ihm sein langfristiges Auskommen besser als die Vermeidung von allzu heftigen Bewegungen. Hinzu kamen zweitens die Abgeordneten, die auf einem eher unsicheren Listenplatz gestanden hatten. Für sie war das Erscheinungsbild von Staatsregierung und CSU besonders wichtig. Denn davon hing ihre Wiederwahl ab.

Die dritte Gruppe hingegen verband ein im deutschen Regierungssystem relativ seltenes Schicksal. Diese Abgeordneten hatten ihre Wahl einem demoskopischen Ausnahmezustand, dem Stoiber-Effekt, zu verdanken, und wussten, dass sie dem Parlament schon in der nächsten Wahlperiode aller Voraussicht nach nicht mehr angehören würden. Für sie war der Einzug ins Maximilianeum schon der Anfang vom Ende ihrer parlamentarischen Laufbahn. Eine solche demotivierende Perspektive lässt sich zwar rational erklären und ertragen, doch im anstrengenden Alltag eines einzelnen Abgeordneten, der sich mit dem politischen Gegner auseinandersetzen und die Kritik der Wähler ertragen muss, ist sie eine Belastung. Auch innerhalb der Fraktionsgemeinschaft können solche Abgeordnete zum Problem werden. Denn wegen der fehlenden Karrierehoffnungen agieren sie oft unabhängig von Vorgaben und bisweilen höchst eigenwillig. Das ist für Demokratietheoretiker schön und für die Debatte bereichernd. Denn diese Leute stellen ihr Fähnchen nicht nach dem Wind. Doch die so genannten Zuchtmeister an der Spitze der Fraktion beißen sich an dieser Spezies unter Umständen die Zähne aus.

Die Könige der Stimmkreise

Bei den 92 direkt gewählten Abgeordneten waren zwei Gruppen zu unterscheiden. Die einen hatten ihren Stimmkreis nur ausnahmsweise gewonnen, die anderen wurden mit grandiosen absoluten Mehrheiten bestätigt. Aber alle neigten doch dazu, die Tatsache, dass sie natürlich auch von dem überwältigenden Stoiber-Effekt profitiert hatten, dem Stolz auf das persönliche Ergebnis unterzuordnen – und reisten mit stolzgeschwellter Brust in die Landeshauptstadt.

Trotz des grandiosen Erfolges war allen Abgeordneten bewusst, dass der eben erst wieder gewählte Ministerpräsident bei der nächsten Wahl im Herbst 2008 immerhin 67 Jahre alt und dann schon 15 Jahre im Amt wäre. Es würde einige Mühe kosten, dem Wähler zu erklären, dass ausgerechnet Stoiber womöglich über zwei Jahrzehnte hinweg Ministerpräsident bleiben müsse, nachdem er selbst den beliebten Landesvater Alfons Goppel einst bedrängt hatte, nach sechzehn Jahren abzutreten. Hinzu kam das warnende Beispiel Helmut Kohls, der nach sechzehn Jahren im Amt von Schröder mit einem bloßen »Danke, Helmut. Es reicht.« verabschiedet worden war. Die Ausgangslage war geradezu paradox. Das Verhältnis der Fraktion zu Stoiber war einerseits durch Dankbarkeit, andererseits durch einen kritischen und skeptischen Blick in die Zukunft geprägt. Wenn Stoiber auch bei der nächsten Wahl die Unterstützung der Fraktion für eine weitere Kandidatur anstrebte, hatte er also allen Grund, möglichst jede einzelne der 124 Persönlichkeiten in der traditionell macht-bewussten Fraktion wie ein rohes Ei zu behandeln.

Den inhaltlichen Ausgangspunkt der parlamentarischen Arbeit bildete ein Papier, in dem eine Gruppe von Abgeordneten mit Unterstützung von Beamten langfristige Überlegungen zusammengetragen hatten, die in ihrer Gesamtheit durchaus so etwas wie eine Vision darstellten. Man war sich darin einig, Schulden abzubauen und die öffentliche Verwaltung grundlegend zu reformieren. Aber niemand hatte damit gerechnet, dass Stoiber und seine Beamten zu diesem Papier greifen würden, um es sich nicht nur zu eigen zu machen, sondern es in einer verschärften Form zur Agenda der nächsten Jahre zu erklären.

»Die Wahrheit ist: Die Bundesrepublik Deutschland befindet sich in der tiefsten Krise seit ihrem Bestehen. Das erfasst auch Bayern.« Mit diesen Worten kündigte Stoiber am 6. November in seiner Regierungserklärung ein beispielloses Sparkonzept an, mit dem die Neuverschuldung vom Jahr 2006 an auf Null zurückgeführt werden sollte. Die jährlichen Ausgaben wollte Stoiber um etwa ein Zehntel senken. Das Ausmaß der Grausamkeiten war immens, weil mit den Sparanstrengungen eine tief greifende Reform der Verwaltung zusammenhing. Huber stellte mit seinen Beamten gleichsam den ganzen Freistaat auf den Kopf, um am Ende ein Konzept durch den Landtag zu pauken, das keine Gruppe der Bevölkerung verschonte. Dass nun zum Beispiel das Beschussamt in München plötzlich privatisiert werden sollte, nachdem man ein Jahr zuvor noch für fast drei Millionen Euro die unterirdischen Testschussanlagen hatte ausbauen wollen, kümmerte nur die acht Mitarbeiter. Denn außer ihnen hatte bis dahin kaum jemand gewusst, dass es so etwas überhaupt gab. Doch die Verlängerung der Arbeitszeit im Öffentlichen Dienst auf 42 Stunden löste ein historisches Bündnis von DGB und Beamtenbund und mächtige Proteste aus. Ihnen schlossen sich im Laufe des Jahres 2004 Studenten, Förster, Blinde, Eltern, Lehrer Museumsdirektoren, Denkmalpfleger,

Bauern, Klinikchefs, Professoren, Landräte und Gefängniswärter an, bis die *Süddeutsche Zeitung* ihre Befürchtungen schließlich in einem schlichten Satz zusammenfasste: »Huber will den Staat abschaffen.«

Die größte Fraktion aller Zeiten hätte es als angemessene Herausforderung betrachten können, der Gesellschaft dieses Jahrhundertprojekt zu erklären. Aber Stoiber hatte sowohl die Abgeordneten als auch die Minister mit seinen Ideen so überfahren, dass die Unterstützung von ihrer Seite sich in engen Grenzen hielt. Besonders unangenehm wurde es nun für die Kultusministerin Monika Hohlmeier. »Wir behalten das neunjährige Halbtagsgymnasium bei«, hatte sie vor der Wahl angekündigt und selbst wohl auch daran geglaubt. Schließlich war erst Anfang September 2003 der über Jahre hinweg erarbeitete neue Lehrplan für die bayerischen Gymnasien eingeführt worden. Angesichts der deutschlandweit geführten Debatten über eine Verkürzung der Gymnasialzeit auf acht Jahre hatte auch sie in ihrem Haus entsprechende Planspiele durchführen lassen. Doch Stoiber hatte ablehnend reagiert und auf die Modellversuche verwiesen, die an 16 von 400 bayerischen Gymnasien stattfanden und noch keine Ergebnisse erbracht hatten.

Ärger mit Lehrern, Eltern und Juristen

Unmittelbar nach der Wahl folgte die Kehrtwende. In seiner Regierungserklärung kündigte Stoiber die Verkürzung der Gymnasialzeit auf acht Jahre an. Kinder und Lehrer sollten mehr arbeiten, die Qualität des Unterrichtes sollte nicht leiden, und die Kultusministerin musste mit weniger Geld auskommen. Stoiber kündigte die Umstellung schon für das Schuljahr 2004/2005 an. Das war wiederum sehr ehrgeizig, ließ aber den kritischen Eltern und Lehrern noch genug Zeit, um im Verein mit der Opposition gegen dies tief in den Alltag der Bayern hineinreichende Projekt zu protestieren.

Eine mindestens ebenso große Breitenwirkung erzielten die Proteste gegen die geplante Abschaffung der Lernmittelfreiheit. Als die Staatsregierung im September 2004 ankündigte, die Eltern müssten die Bücher ihrer Schulkinder künftig selbst kaufen, drohte die SPD mit einem Volksbegehren und erzielte damit im ganzen Freistaat eine so große Zustimmung, dass die Staatsregierung zurückruderte. Doch anstatt das Vorhaben ersatzlos zu streichen, wurde nun ein Büchergeld beschlossen, das in Grundschulen zwanzig Euro, in weiterführenden Schulen vierzig Euro pro Kind betrug. Die SPD ging auch dagegen vor. Wenn ihre Proteste abermals auf große Resonanz stießen, so lag dies nicht zuletzt an dem bürokratischen Aufwand, den das Einsammeln des Geldes in den einzelnen Schulklassen erwarten ließ. Eine Härtefallregelung erhöhte die Bürokratie noch. Und die Tatsache, dass auch sozialdemokratisch regierte Länder die Eltern an den Kosten der Schulbücher beteiligten, interessierte nicht. Gespart werden sollten etwa 15 Millionen Euro – ein verschwindend geringer Betrag angesichts von jährlichen Ausgabenkürzungen in der Größenordnung von 2,5 Milliarden Euro.

Unverhältnismäßig viel Ärger trug der CSU auch die Abschaffung des traditionsreichen Bayerischen Obersten Landesgerichts ein. Den Medien gefiel das Thema, denn nun konnten sie Stoiber genüsslich die Passage einer Festrede vorhalten, die er erst kurz zuvor anlässlich des 375-jährigen Gründungsjubiläums gehalten hatte. Darin beklagte er die Gleichschaltung des Gerichts durch die Nationalsozialisten. »Damit wurde nicht nur ein Symbol der Eigenstaatlichkeit Bayerns, sondern auch ein wichtiger Garant einer unabhängigen Justiz zerschlagen.« Die neue Justizministerin Beate Merk trug die Maßnahme mit, obwohl sie davon erst am Tag vor der Regierungserklärung erfahren hatte. Doch ihre vier Vorgänger, Mathilde Berghofer-Weichner, Hermann Leeb, Alfred Sauter und Manfred Weiß protestierten in aller Öffentlichkeit. Vielleicht hätten sie ihre Argumente etwas leiser vorgetragen, wenn Stoiber sie nicht im Laufe seiner Amtszeit als Regierungschef der Reihe nach kalt entmachtet hätte.

Mit der Einführung des Büchergeldes und der Schließung des altehrwürdigen Gerichts ließ sich nur wenig Geld sparen, aber die Staatsregierung brachte damit Juristen, Eltern und Lehrer gegen sich auf. Derartige Unternehmungen zeugten nicht nur von übertriebenem Eifer, sie diskreditierten eine politische Anstrengung, deren Ansatz Stoiber eigentlich persönlich zur Ehre gereichte. Kein anderer deutscher Ministerpräsident hat sich einen solchen Kraftakt zugemutet, obwohl er in allen anderen Bundesländern dringender gewesen wäre als in Bayern. Um seine Vision zu verwirklichen, nutzte er die Tatsache, dass er auf dem Höhepunkt seines Ansehens stand. Nur diese machtvolle Position erklärt, warum die Fraktion ihm die Gefolgschaft nach verbalen Protesten am Ende nur in wenigen Punkten verweigerte.

Erwin Huber stellte sich uneingeschränkt in Stoibers Dienst und setzte den einzelnen Ministern detailliert auseinander, wie die ihrem Haus nachgeordneten Behörden tunlichst zu organisieren seien, wenn sie nicht gleich ganz geschlossen wurden. Auf große Empörung stieß sein Spruch über den Umgang mit Staatsbediensteten: »Wer den Teich trockenlegen will, darf die Frösche nicht fragen.« Jeder, der sich das Bild einen Moment ernsthaft vergegenwärtigte, musste sich fragen, was er nun schlimmer finden sollte: die erschreckende Kaltschnäuzigkeit, die darin zum Ausdruck kam, oder die Offenheit, mit der Huber sich dazu bekannte. Seine Aufgabe bestand darin, Vertrauen zu wecken. Doch das Gegenteil trat ein: Die Beamten und Angestellten des Freistaates fühlten sich als Opfer. Die Fraktion übte denn auch scharfe Kritik. Der frühere Vorsitzende und neue Landtagspräsident Glück hielt fest, dass es zwischen Fraktion und Regierung unterschiedliche Ansichten zu der Frage gebe, wie man die Bediensteten des Freistaats behandeln müsse. Der neue Fraktionschef Herrmann äußerte sich deutlicher zu

Hubers Spruch: »Das Bild passt nicht in eine demokratische Gesellschaft.« Huber selbst versicherte, dass niemand überrollt werde – und rollte weiter. Trotz der Warnungen der Fraktion peitschte er die Reform unnachgiebig Stück für Stück durch den parlamentarischen Alltag.

Gespräch mit den Fröschen: Polizeireform

Der einzige Minister, der sich Hubers Reformfuror entziehen konnte, war Beckstein. Seit zehn Jahren leitete er nun das Innenministerium, fünf Jahre lang war er dort Staatssekretär. Er genoss das Vertrauen der knapp 40 000 Polizisten des Freistaates und ihrer Vertreter, und niemand kannte sich in ihren Belangen besser aus als er. So verbat er sich jede Einmischung aus der Staatskanzlei und konnte dabei über die sachlichen Argumente hinaus das persönliche Gewicht in die Waagschale werfen, das er als Stellvertreter des Ministerpräsidenten und dessen Vertrauter besaß. Sein Problem: Er hielt die von der Staatskanzlei geplante Polizeireform gar nicht für nötig. Wenn sie dennoch unabwendbar war, lag dies an der Vorgabe, dass Geld eingespart werden müsse. Immerhin setzte Beckstein als einziger Minister durch, dass sein Haus allein zu entscheiden hatte, auf welche Weise das Ziel verwirklicht werden sollte.

»Eine der spannendsten Aufgaben, die mir je vorgegeben wurden«, nannte Beckstein die Reform im Gespräch mit Journalisten ironisch. Wie er im Jahr 2002 kein Hehl daraus gemacht hatte, dass er bei einem Wahlsieg viel lieber Ministerpräsident werden wolle, anstatt mit Stoiber nach Berlin zu gehen, so nörgelte er auch jetzt in aller Öffentlichkeit. Innerhalb von fünf Jahren musste Beckstein 1200 Stellen streichen. Dafür wollte er die Arbeitszeit auf 42 Stunden erhöhen und die Polizei neu aufstellen. Kernstück der Reform war die Aufteilung Bayerns in zehn Schutzbereiche und der Verzicht auf eine Verwaltungsebene.

Die Direktionen gingen in den Präsidien auf, und diese bekamen eine hochmoderne Einsatzzentrale. Die »Verschlankung« der Führungsstäbe sollte für eine stärkere Präsenz der Beamten »auf der Straße« sorgen.

Die Polizeigewerkschaft erkannte in den Plänen die Quadratur des Kreises. Beckstein müsse sich schon entscheiden, ob die Polizei nun besser oder billiger werden solle, meinte sie. In Unterfranken, das Beckstein sich für das Pilotprojekt seiner Neuorganisation ausgesucht hatte, waren die Proteste besonders laut. Die Angehörigen des CSU-Arbeitskreises Polizei kritisierten, dass die Pläne der besonderen Gefährdungslage in der Nähe des Frankfurter Flughafens nicht gerecht würden. Vor allem die Eingliederung der Aschaffenburger Direktion in das Würzburger Präsidium betrachteten sie als schweren Fehler. Manfred Christ, der Aschaffenburger Landtagsabgeordnete der CSU, schrieb dem »lieben Günther« gar einen geharnischten Protestbrief, in dem er sich selbst die Frage stellte, ob er vor 35 Jahren mit seinem Kampf gegen die Übernahme der damals noch zu Hessen gehörenden Aschaffenburger Polizei durch den Freistaat nicht doch richtig gelegen habe. Wie Christ, so sandten zahlreiche CSU-Abgeordnete aus dem ganzen Freistaat während der Verwirklichung der Verwaltungsreform Hunderte von Protestnoten an die Staatskanzlei oder die zuständigen Ministerien in München. Sie protestieren dagegen, dass in ihrem Stimmkreis ein Forsthaus dicht gemacht, das Wasserwirtschaftsamt geschlossen oder die Straßenbaubehörde verlegt wurde. Und die Lokalredaktionen bekamen eine Kopie, damit die Wähler sahen, dass sie sich von denen in München nichts gefallen ließen.

Es ist nach wie vor die große Stärke der CSU-Fraktion, dass deren Abgeordnete tief in der Gesellschaft verwurzelt sind und in der Landeshauptstadt dezidiert und selbstbewusst vortragen, was bei ihnen zu Hause gerade gedacht wird. Der weit verbreitete Irrglaube, Politiker wüssten nicht um die Stimmung im Volk, gilt hier am allerwenigsten. Kein Meinungsforschungsinstitut verfügt über die Erkenntnisse, die im Maximilianeum von den menschlichen Seismographen der CSU-Fraktion regelmäßig zusammengetragen werden. Allerdings schien der Informationsfluss in der Zeit der Reformen in der umgekehrten Richtung nicht immer so reibungslos zu verlaufen. Manche Mandatsträger taten sich schwer, die von ihnen selbst nur widerwillig unterstützten Einschnitte zu vertreten. Die SPD meinte gar, die CSU-Landtagsabgeordneten stimmten im heimatlichen Stadtrat in die Klagen über eben jene Beschlüsse ein, an denen sie in München mitgewirkt hätten.

Nächtlicher Besuch

Beckstein jedenfalls ließ Kritik nicht kalt. Darum staunten die Aschaffenburger Polizeibeamten, als in der Nacht vom 13. auf den 14. Dezember 2004 in der Tür zur Einsatzzentrale plötzlich ein Mann stand, der ihnen bekannt vorkam. Ihr oberster Dienstherr wollte sich persönlich ein Bild von der Lage an der Landesgrenze machen. Umgestimmt hat ihn der nächtliche Besuch nicht. Doch die Beamten, die in der Inspektion am Untermain blieben, erzielten im ersten Jahr nach der Reform das beste Ergebnis seit dem Jahr 1990. Sie klärten 72,7 Prozent der Straftaten auf. Der Gewerkschaftsvorsitzende Harald Schneider sagt, die Polizeireform habe die Effizienz der Polizeiarbeit nicht verbessert, weil Beckstein sich nur wenige Argumente der Polizisten zu eigen gemacht habe. Trotzdem attestiert er ihm eine ausgeprägte Bereitschaft zum Gespräch. Im Unterschied zu Huber fragte Beckstein die Frösche. Dies entging auch den Abgeordneten in der Fraktion nicht, zumal Beckstein sie rechtzeitig vorwarnte, wenn die Polizeireform etwa in ihrem Stimmkreis zur Auflösung einer Direktion führte. Während Huber, der einstige Liebling der Fraktion, zu einem Vollstrecker wurde, erwies sich Beckstein als umsichtiger Sachwalter ihrer Interessen.

Berliner Verlockungen

Die latente Rivalität zwischen Beckstein und Huber, die im Laufe des Jahres 2004 mehr und mehr in den Hintergrund getreten war, wurde am Abend des 22. Mai 2005 wieder belebt. Als die SPD in Nordrhein-Westfalen abgewählt wurde, kündigten Bundeskanzler Schröder und der SPD-Vorsitzende Müntefering noch am selben Tag für den Herbst Neuwahlen an. Stoiber ließ von Anfang an keinen Zweifel daran, dass Merkel die gemeinsame Kanzlerkandidatin der Union war. Zu seiner eigenen Zukunft äußerte er sich nicht. Aber der immer wieder erhobene Anspruch, er mache in Bayern vor, wie ganz Deutschland saniert werden könne, setzte ihn unter Zugzwang. Ein Ministeramt in einer unionsgeführten Bundesregierung bot ihm die Chance, zu beweisen, dass er nicht nur für den Freistaat, sondern auch für Deutschland über die richtigen politischen Rezepturen verfügte. Damit verband sich allerdings das Risiko, dass die Verantwortung etwa für Wirtschaft und Finanzen in Berlin unbequeme Entscheidungen erforderlich mache, die abermals auch die Bayern treffen würden. Dieser Gedanke lief darauf hinaus, dass die CSU bei der Landtagswahl im Jahr 2008 womöglich besser mit einem Vorsitzenden dastünde, der einen gewissen Abstand zu den Berliner Regierungsgeschäften habe.

Für und Wider hielten sich die Waage, und Stoiber ließ die Frage, ob er bei einer Regierungsübernahme durch die Union in ein Kabinett Merkel eintreten würde, bis zum Wahltag am 18. September offen. So wollte er auch eine Debatte darüber vermeiden, wer ihm gegebenenfalls im Amt des bayerischen Ministerpräsidenten nachfolgen sollte. Diese Diskussion spielte während des Bundestagswahlkampfes tatsächlich keine große Rolle. Den bayerischen Innenminister nahm Merkel in ihr Kompetenzteam auf. Als er gefragt wurde, ob er damit nicht zur Nummer Zwei der CSU hinter Stoiber aufgestiegen sei, hatte

Beckstein wieder einmal keine Lust, um die Dinge herumzureden und sein Licht unter den Scheffel zu stellen. Also sagte er: »Das sehe ich genauso.« Merkels Ruf hatte allerdings auch eine Kehrseite: Damit schien nämlich bei einem Wechsel Stoibers nach Berlin der Weg für Erwin Huber in das Amt des bayerischen Ministerpräsidenten frei zu sein. Doch der durfte sich zunächst noch mit dem gemeinsamen Wahlprogramm der Union für die Bundestagswahl beschäftigen. Bei einer Umfrage von Infratest dimap sprachen sich für ihn als Nachfolger von Stoiber nur 17 Prozent der Befragten aus. Beckstein bekam 37 Prozent. Die große Mehrheit von 73 Prozent war außerdem der Meinung, dass Stoiber dem Freistaat als Ministerpräsident in München mehr nützen könne, denn als Minister in Berlin.

Waigels elegante Rache

Das sah Theo Waigel ganz anders. »Wer die Sanierung Deutschlands als Herkulesaufgabe bezeichnet und probate Vorschläge zur Konsolidierung der Staatsfinanzen, der Reform der Sozialsysteme, der Umgestaltung des Steuerrechts und der Modernisierung des föderalen Staatsaufbaus unterbreitet, darf zu Recht auf Erfolge in München und Bayern verweisen. Er muss aber dann, wenn sich die realistische Chance zur Neugestaltung Deutschlands bietet, die Herausforderung annehmen und zeigen, wie es besser gemacht werden kann«, schrieb er in einem Gastbeitrag, der am 25. Juni 2005 in der *Frankfurter Allgemeinen Zeitung* erschien.

Der Verfasser hatte nach eigenem Bekunden den Eindruck, dass Stoiber sich wie Franz Josef Strauß im Herbst 1982 verhalten und in München bleiben wolle. Er forderte ihn aber auf, nach Berlin zu gehen – trotz all der absehbaren Widrigkeiten. »Wer in dieser schwierigen Zeit in Deutschland das Finanz- oder Wirtschaftsministerium übernimmt, geht ein hohes Risiko ein.

Er muss den Bürgern einen schweren Weg mit Opfern und Verzicht weisen, um Deutschland aus der Talsohle zu führen und mehr Wachstum und Arbeitsplätze zu schaffen. Selbst der Politiker, der ökonomisch alles richtig macht, wird einer Front von Gegnern und Widersachern gegenüberstehen. Der Erfolg wird sich – wie in den Achtzigerjahren – nicht sofort in der Arbeitsmarktstatistik niederschlagen. Ein Füllhorn für populäre Projekte steht nicht zur Verfügung. Diese Vorstellung schreckt Edmund Stoiber persönlich und als Parteivorsitzenden. Aber auch die andere Möglichkeit ist nicht verlockend. Sich in Bayern mit dem G 8, dem Zustand der Staatsstraßen und Staatsfinanzen, dem Ämterstreit zwischen Augsburg und Hof und der Reform der Bezirke abgeben zu müssen ist ärgerlich angesichts dessen, was in Deutschland und Europa ansteht.«

Überaus anschaulich sagt Waigel voraus, wie das unerfüllte Dasein des Ministerpräsidenten auch die Position des Parteivorsitzenden in Mitleidenschaft ziehen werde: »Das wöchentliche Koalitionsgespräch in Berlin kollidiert mit der Fraktionssitzung in München. Das tägliche Morgentelefonat mit Glos, Beckstein und Ramsauer ersetzt nicht die Präsenz an Ort und Stelle. Es wird wieder zu einem regelmäßigen Jour fixe in der Staatskanzlei kommen, wo die Berliner erfahren, was Sache ist und was sie gefälligst durchsetzen sollen. Sie werden dies pflichtgemäß zusagen, und sobald sie wieder Berliner Luft schnuppern, das tun, was unter den gegebenen Umständen möglich, aber für Münchner Empfindungen unzureichend ist. Jeder Parteivorstand und besonders Sitzungen des Parteiausschusses oder gar Parteitage geraten zu wohldosierten Lehrstunden für die CDU und Angela Merkel. Die Mitglieder der Staatsregierung werden – wie in den Achtzigerjahren – viel Zeit darauf verwenden, Fehler der Berliner Regierung aufzuspüren und dem Chef zu melden, was durchaus zu Belobigung und Beförderung führen kann. Doch glücklich und zufrieden wird Edmund Stoiber darüber nicht sein; zumal es die Rolle des ›Primus inter pares‹ im Bundesrat nicht gibt und Roland Koch und Christian Wulff mit ihrem gestiegenen Selbstbewusstsein dem auch nicht zustimmen würden.« Schließlich fordert Waigel eine Entscheidung des Ministerpräsidenten: »Er kann es handhaben, wie Franz Josef Strauß von 1982 bis 1988 mit Groll im Herzen, fern vom Geschehen, das ihn doch nicht loslässt. Das alles klingt nicht besonders verlockend. Trotzdem gilt der Satz: ›Hic Rhodos, hic salta.‹ Nur wer mit einem mutigen Sprung den Abgrund überwindet, übernimmt die notwendige Verantwortung für Deutschland und Europa, durchaus im Wissen um das politische und persönliche Risiko.«

Dieser Text war ein taktisches Meisterstück. In der Attitüde des wohlmeinenden Ratgebers beschrieb Waigel die gegenwärtige Lage und die Perspektiven Stoibers vor dem Hintergrund eigener Erfahrungen und miterlebter Geschichte so einfühlsam und fundiert, dass man fast meinen konnte, er hätte vergessen, wer ihm einst das Amt des Ministerpräsidenten vor der Nase weggeschnappt und die Position des Parteivorsitzenden abgenommen hatte. Doch bei genauem Hinsehen erschien Stoiber wie jemand, der die Chance hat, Großes zu leisten, sich dieser moralischen Verpflichtung aber entziehen will. Bislang hatte er seine Führungsposition mit größter Hingabe und einem unüberbietbaren Einsatz gerechtfertigt. Jetzt wurde er zu einem Getriebenen. Waigels Artikel war ein Anschlag auf die Autorität des Mannes an der Spitze Bayerns und markierte den Beginn der Entzauberung Stoibers. So schön kann späte Rache sein.

Wenige Wochen später zog Stoiber sich heftige Kritik von allen Seiten zu. Bei Kundgebungen im westlichen Allgäu und in der Oberpfalz hatte er sich an seine vor allem in den neuen Ländern gescheiterte Kanzlerkandidatur erinnert und sich dagegen gewandt, dass »letzten Endes erneut der Osten bestimmt, wer in Deutschland Kanzler wird«. Die SPD griff diese »Beleidigung« der Bürger in den neuen Ländern dankbar auf. Die Wahlkämpfer aus der zweiten Reihe der CDU fassten sich an den Kopf. So nahm Stoibers Autorität Schaden, obwohl die CDU allen

Grund zur Selbstkritik hatte. Einen viel tieferen Eindruck als Stoibers Fehlleistung hinterließ nämlich die Berufung des früheren Bundesverfassungsrichters Paul Kirchhof in das Kompetenzteam der Kanzlerkandidatin. »Der Professor aus Heidelberg« bot Schröder die Angriffsfläche, die er benötigte, um der Union einen Angriff auf die soziale Stabilität der Republik zu unterstellen. Kirchhofs Vision eines einheitlichen Steuersatzes für alle lehnten aber nicht nur die Sozialdemokraten, sondern auch führende Unionspolitiker ab, unter ihnen sowohl Huber als auch Beckstein.

Am 18. September erwiesen sich alle Umfragen, die auf einen Sieg von Union und FDP hingedeutet hatten, als wertlos. Die Union wurde zwar stärkste Fraktion, bekam aber nur 35,2 Prozent. Damit blieb die Spitzenkandidatin Angela Merkel 3,3 Punkte hinter dem Ergebnis zurück, das Stoiber drei Jahre zuvor unter wesentlich ungünstigeren Bedingungen erzielt hatte. Einflussreiche Ministerpräsidenten wie Koch und Wulff dürften die Stunde nach der Schließung der Wahllokale heute als verpasste Gelegenheit betrachten, in der sie Merkel hätten zwingen können, aus ihrer Verantwortung für diese Katastrophe die Konsequenzen zu ziehen. Danach war es zu spät. In der »Berliner Runde« löste Schröder als schlechter Verlierer einen Solidarisierungseffekt aus, der die Kanzlerkandidatin rettete und ihr die Bildung einer großen Koalition unter ihrer Führung ermöglichte. Schröder sah seinen Fehler ein: »War nicht gut, ich weiß.« Merkel versprach ihrer Partei eine gründliche Ursachenerforschung, die nie stattfand. Die CSU aber begann damit noch am Wahlabend.

Zwar hatte man erwartet, in Bayern deutlich hinter den 58,6 Prozent zurückzubleiben, die Stoiber bei seiner Kanzlerkandidatur im Jahr 2002 bekommen hatte. Doch die Partei verfehlte mit 49,3 Prozent zum zweiten Mal seit 1957 die Fünfzig-Prozent-Marke und betrachtete dies als Desaster. Merkel war dafür natürlich mitverantwortlich. Denn die Wirkung der Spitzen-

kandidatin hatte ja nicht an den Grenzen des Freistaates haltge-
macht. Aber auch die CSU ersparte ihr eine Diskussion über
ihre Rolle im Wahlkampf. Denn sie betrachtete das Ergebnis
ausschließlich im Hinblick auf die Landtagswahlen im Herbst
2008. In diesem Zusammenhang war Merkel irrelevant. Stattdessen richteten sich zweifelnde Blicke auf Stoiber. In einer neu-
en Schärfe kam nun die Kritik wieder auf, die den rigiden Spar-
und Reformkurs seit dem Beginn der Legislaturperiode im
Herbst 2003 begleitet hatte. Die Mitglieder der Landtagsfraktion sahen sich in eben jenen Bedenken bestätigt, die ihnen spätestens gekommen waren, als sie im Herbst 2003 Stoibers Regierungserklärung anhörten.

Das Duell mit Huber

Angesichts dieser Konstellation erschien Stoibers Option, als
eine Art Superminister für Wirtschaft in das Kabinett einer
großen Koalition einzutreten, als ein geradezu königlicher Ausweg. Ende September sprachen sich der Vorsitzende der Landesgruppe, Glos, der Chef der Landtagsfraktion, Herrmann,
und dessen Vorgänger, der Landtagspräsident Glück, öffentlich
für Stoibers Wechsel nach Berlin aus. Weil in diesem Fall der
zweite Posten der CSU im Kabinett mit einem Mitglied der Landesgruppe besetzt werden musste, galt es als ausgeschlossen, dass
Beckstein die Nachfolge Schilys würde antreten können. Umso
häufiger wurde er als künftiger bayerischer Ministerpräsident genannt.

Als der durch die Verwaltungsreform arg gebeutelte Huber erkannte, dass die Diskussion immer deutlicher auf Beckstein zu-
lief, sagte er der *Passauer Neuen Presse:* »Ich trete an.« Es habe
»den Erwin« wohl geärgert, »dass er diese Woche so viel über
mich gelesen hat«, meinte Beckstein. »Da hat er jetzt einen gewissen Ausgleich geschaffen.« Tags darauf erklärte er in einem

Fernsehinterview, dass er sich »selbstverständlich« auch um das Amt bemühen wolle, wenn es denn frei werde. Alois Glück ließ wissen, dass er als Kandidat nicht zur Verfügung stehe. In einer Forsa-Umfrage sprachen sich in der ersten Oktoberwoche 48 Prozent für Beckstein und 13 Prozent für Huber aus. Die Sache schien klar zu sein, als Stoiber in einem Interview der *Süddeutschen Zeitung* bekundete: »Ich persönlich stehe für ein Amt zur Verfügung, wenn die Konstellation stimmt. Sonst nicht.« Seine Vorstellungen klangen präzise: »Wirtschaft, Technologie und Infrastruktur sind genau die Felder, um die ich mich in meiner Arbeit als Ministerpräsident sehr intensiv und erfolgreich gekümmert habe.«

Als zweiten CSU-Politiker für das Kabinett hatte Stoiber Horst Seehofer vorgesehen. Der Sozialpolitiker hatte sich im Streit um die von Merkel propagierte Gesundheitsprämie im Herbst 2004 mit der Bundestagsfraktion überworfen, bei der Bundestagswahl aber um 10,2 Prozentpunkte zugelegt und sein Direktmandat mit 65,3 Prozent wieder gewonnen. Außerdem hatte er sich mit dem Sozialverband VdK eine neue Machtbasis verschafft. Das Ergebnis der Bundestagswahl bestätigte Seehofer in seiner Ermahnung, die Sozialpolitik nicht zu vernachlässigen, nachdrücklich. Um ihn dennoch als Mitglied ihres Kabinetts zu verhindern, wandte sich Merkel Mitte Oktober hinter Stoibers Rücken an Glos und bot diesem das Verteidigungsministerium an. Stoiber musste zur Kenntnis nehmen, dass Merkel über seinen Kopf hinweg Personalangelegenheiten der CSU an sich zog und dass der Vorsitzende der Landesgruppe dabei anscheinend auch noch mitmachte. Am Ende entschied er den Machtkampf für sich. Seehofer sollte nun Landwirtschaftsminister werden.

Doch auch in München gibt es jetzt Probleme. Die Fraktion befindet sich in einer Zerreißprobe. Huber bearbeitet die Abgeordneten in Einzelgesprächen und scheint dabei Boden gut zu machen. Aber auch Becksteins Leute werben. An eine ruhige, sachliche Arbeit ist nicht zu denken. Der Plan, über Stoibers

Nachfolge erst zu entscheiden, nachdem die Koalition in Berlin beschlossene Sache ist, erweist sich als eine schwere Bürde. Er würde bedeuten, dass die Hängepartie noch vier weitere Wochen andauert. »Nachdem in Berlin die personellen Weichen gestellt sind, sollten wir das in Bayern auch möglichst bald machen«, sagt nun die stellvertretende Vorsitzende der CSU, Barbara Stamm. Und weil Beckstein weiß, dass er momentan noch die besseren Karten hat, die Zeit aber für Huber arbeiten könnte, spricht er sich ebenfalls dafür aus, das Verfahren zu beschleunigen.

Bei einem Treffen mit den beiden Kandidaten in der Staatskanzlei versuchen Stoiber und Herrmann, einen der beiden zum Aufgeben zu bewegen – vergeblich. Stoiber beharrt darauf, dass der Zeitplan eingehalten wird, und setzt sich damit auch in der Fraktion durch. Anscheinend registriert er nicht, wie sehr ihm die Abgeordneten sein Verhalten verübeln. Über Monate hinweg hat sich der Eindruck verfestigt, dass er seine ganze Energie nur noch in die Planung der eigenen Karriere steckt. Die Fraktion fühlt sich im Stich gelassen und missachtet. Dies nicht registriert oder ignoriert zu haben, ist eine Fehlleistung, die sich als verhängnisvoll erweisen wird. Stoiber hat anscheinend völlig vergessen, dass er sein Amt nicht nur der Macht, sondern auch der Sensibilität der Landtagsfraktion verdankt.

Beckstein erklärt der Fraktion, dass er im Fall einer Wahl Hubers zum Ministerpräsidenten dessen Richtlinienkompetenz nicht unterworfen sein möchte und dann lieber als Abgeordneter nach Berlin wechseln werde. Der Sinn dieser Ankündigung ist höchst zweifelhaft. Die Ankündigung, München gegebenenfalls zu verlassen, kann einerseits als Erpressung missverstanden werden. Andererseits bedeutet sie auch, dass das Duell, wenn es denn zugunsten von Huber ausgeht, rasch vergessen ist. So kann aus der Drohung ein Versprechen werden. Beckstein bleibt dabei. Ein paar Tage später sagt er in einem Interview des Senders »Antenne Bayern«: »Ich habe mir in den letzten Jahren einen eigenen Kopf erarbeitet, und dieser Kopf ist nicht willig, sich einem Erwin Huber unterzuordnen und von ihm Weisungen entgegenzunehmen.« Die Geringschätzung Hubers ist nicht zu überhören. Aber die Haltung lässt sich nachvollziehen: Immerhin spricht hier der stellvertretende Ministerpräsident. Und während Hubers Verwaltungsreform zu großem flächendeckendem Ärger geführt hat, ist es Beckstein gelungen, die ebenso schwierige Neuorganisation der Polizei ohne größere Proteste über die Bühne zu bringen. Kaum zur Kenntnis genommen wird Becksteins Aussage, dass er »nicht die leiseste Absicht« habe, irgendwann Parteivorsitzender zu werden.

Umso entschlossener kämpft er um das Amt des Regierungschefs. Huber hätte bei der Verwaltungsreform mehr auf die Menschen zugehen müssen, anstatt sie ihnen abzuzwingen, sagt er und spielt auf das schlechte Wahlergebnis an. »Wir haben es ja erlebt, dass wir nicht so gut abgeschnitten haben, wie wir wollten. Für mich heißt das deshalb, noch intensiver mit anderen zu diskutieren.« Inhaltlich sieht er keine Differenzen zu Huber. Allerdings vermittle er selbst den Menschen eher das Gefühl, sie ernst zu nehmen. Die dominante Rolle der Staatskanzlei, die ihre Vorstellungen bis in die Ministerien hinein durchsetze, werde es unter ihm als Regierungschef nicht geben.

Unterstützung in Aschaffenburg

Aufmunternd wirkt ein Routinetermin in Aschaffenburg: Am 22. Oktober 2005 beginnen die Arbeiten zum sechsspurigen Ausbau der Autobahn A3 zwischen Frankfurt und Nürnberg. Als der Oberbürgermeister Herzog den Innenminister begrüßt, denkt er an das viele Geld, das die Stadt ihm verdankt, und bekennt, dass er sich, vor die Wahl gestellt, für Beckstein und nicht für Huber entscheiden würde. Anschließend drückt er dem hohen Gast aus München so lange die Hand, dass der Fotograf genug Zeit für eine schöne Aufnahme hat. Sie soll in dem Prospekt erscheinen, mit dem der Sozialdemokrat Herzog für seine Wiederwahl wirbt. Weil die CSU sich nicht in der Lage gesehen hatte, einen eigenen Kandidaten gegen den populären Amtsinhaber aufzubieten, nimmt die SPD diese Aktion ohne allzu lautes Murren hin.

Die sozialdemokratische Landtagsfraktion ist bei dem ersten Spatenstich an der Autobahn durch ihre Abgeordnete Karin Pranghofer vertreten. Sie erwähnt Beckstein in seiner Begrüßung erst nach den beiden CSU-Abgeordneten – um dies anschließend damit zu erklären, dass er im Moment nun einmal besonders auf die Unterstützung der eigenen Leute angewiesen sei. Die zweifelsohne nicht sehr gelungene Passage nehmen ihm die Zuhörer nicht übel. Wer Beckstein länger beobachtet, erlebt immer wieder Momente, in denen er seinen Zuhörern unerwartete Einblicke in sein Seelenleben bietet. Dass er nicht immer jedes Wort abwägt und sich gelegentlich erstaunlich ungeschützt äußert, kann zu missglückten Statements führen, ist aber ein Grund für sein Image als »ehrliche Haut«. Auch bei einer Pressekonferenz in der Aschaffenburger Polizeiinspektion plaudert er in diesen Tagen bereitwillig und gern über die Frage, die ihn so bewegt. Er habe schon den designierten Arbeitsminister und SPD-Vorsitzenden Müntefering gebeten, sich dafür einzusetzen, dass er bald Klarheit über seine neue Stelle bekomme, berichtet er lächelnd. Aber der Sozialdemokrat habe abgewehrt: »Nur Geduld, Herr Kollege. Geduld.« Immerhin habe Stoiber versprochen, nach einer Entscheidung zuerst ihn selbst und dann die Presse zu informieren.

Huber gibt sich in München konziliant. Er räumt ein, dass er »manchmal zu ungestüm« gewesen sei und »mit dem Kopf durch die Wand gewollt« habe. Aber jetzt werde er sich »noch mehr bemühen, andere mitzunehmen«. Er selbst wolle gegebenenfalls auch unter Beckstein im Kabinett bleiben. Außerdem verweist er darauf, dass er Angela Merkels Angebot, als Kanzleramtsminister an die Spree zu kommen, abgelehnt habe – um

Bayern zu dienen. Beckstein reagiert mit der Nachricht, in der Staatskanzlei gebe es keine Kreide mehr: »Alles aufgegessen.« Stoiber kommentiert die Debatte mit den Worten: »Es muss jeder selber wissen, was er sagt. Ich bin nicht der Schiedsrichter.« Dann fügt er aber hinzu, dass die Reformpolitik eine Gemeinschaftsleistung sei, die alle abgesegnet hätten.

Stoibers Rückzug

Im Übrigen hat der Ministerpräsident ganz andere Sorgen. In den Koalitionsverhandlungen mit der SPD ist das aus den Ressorts Wirtschaft und Arbeit zusammengefügte Superministerium des Sozialdemokraten Wolfgang Clement wieder in seine beiden Bestandteile zerlegt worden. Das neue Arbeitsministerium ist für den SPD-Vorsitzenden und designierten Vizekanzler Müntefering vorgesehen, mit dem Stoiber auch menschlich harmoniert. Das Wirtschaftsministerium hingegen soll der bayerische Ministerpräsident erhalten, allerdings erweitert um Bestandteile des Forschungs- und des Finanzministeriums. Diese Zusagen werden nun sowohl von der designierten Forschungsministerin Annette Schavan als auch von dem sozialdemokratischen Kandidaten für das Finanzministerium, Peer Steinbrück, infrage gestellt. »Frau Merkel und Herr Müntefering wissen, was wir vereinbart haben«, sagt Stoiber. »Ich hatte ein Organigramm dabei.« Wer wollte das bezweifeln?

Dies ist die Ausgangslage, als Stoiber am 31. Oktober in Berlin einen Tag erlebt, der den Verfall seiner Autorität dramatisch beschleunigt, obwohl er nichts falsch gemacht hat. Zunächst muss er feststellen, dass Merkel sich in den schon fortgeschrittenen Koalitionsverhandlungen auf die Seite von Schavan und Steinbrück schlägt. Das Forschungsministerium soll nun nicht mehr zwei Abteilungen, sondern nur noch sechs Referate abgeben. Vom Finanzministerium bekommt Stoiber lediglich fünf anstelle der gewünschten neun Referate. Dieser Vorgang kann Stoiber nicht kalt lassen. Denn nun sieht er sich schon zum zweiten Mal innerhalb von weniger als drei Wochen in einer wesentlichen Frage von Merkel im Stich gelassen. Die Aussicht, dass er einer solchen Behandlung künftig regelmäßig ausgesetzt sein wird, weil er sich als in die Kabinettsdisziplin eingebundener Minister dagegen nicht mit dem nötigen Nachdruck zur Wehr setzen kann, ärgert ihn maßlos. Und dann tritt Franz Müntefering völlig überraschend von dem Amt des SPD-Vorsitzenden zurück. Damit zeichnet sich ab, dass die SPD einen Vorsitzenden bekommt, der nicht dem Kabinett angehören wird. Er kann die Regierung nach Lust und Laune vor sich hertreiben. Der CSU-Vorsitzende hingegen soll sich währenddessen in seinem Ministerium abarbeiten und der Richtlinienkompetenz einer machtbewussten Kanzlerin unterliegen, auf deren wohlwollende Kooperation er nicht vertrauen kann. Das widerspricht klar der Vereinbarung, nach der die Vorsitzenden von SPD und CSU dem Kabinett angehören. Darauf kann Stoiber sich auch im Interesse der CSU nicht einlassen.

Sein Rückzug nach München war deshalb nicht nur menschlich nachvollziehbar, sondern auch politisch absolut folgerichtig. Stoibers Überlegung leitete im Prinzip auch den SPD-Vorsitzenden Kurt Beck, als er sich im November 2007 dagegen entschied, ins Kabinett einzutreten. Ihm genügte ein unvollständiger Satz zur Erklärung. Was die Zuschneidung der Ministerien angeht, so hat Merkel Stoibers Version nicht bestritten. Peter Fahrenholz von der *Süddeutschen Zeitung*, der nicht gerade für einen schonenden Umgang mit Stoiber bekannt ist, bescheinigte der CDU-Chefin denn auch »eine Menge Heimtücke«.

Unter normalen Umständen wäre es für die CSU ein leichtes gewesen, der Republik krachend darzulegen, dass ihr Parteivorsitzender, der Ministerpräsident des Freistaates, sich so nicht behandeln lasse und den Großkoalitionären künftig von München aus umso genauer auf die Finger schauen werde. Dabei hätte sie die deutsche Öffentlichkeit zum Beispiel auch mit der polemischen Frage erfreut, welche Erfolge denn die offenkundige Bevorzugung von Schavan und Steinbrück durch Merkel wohl rechtfertigten. Der Sozialdemokrat war als nordrhein-westfälischer Ministerpräsident im Stammland der SPD abgewählt worden. Merkels enge Vertraute Schavan war als baden-württembergische Regierungschefin nicht einmal der eigenen Partei zu vermitteln gewesen.

Doch die CSU befand sich längst in einem Ausnahmezustand, der eine solche Offensive nicht zuließ. Das Verhältnis zwischen der Landtagsfraktion und dem Ministerpräsidenten war erschüttert. Viele Abgeordnete hatten schon lange befürchtet, mit Stoiber bei der Landtagswahl 2008 eine herbe Niederlage zu erleiden, und dessen Eintritt ins Kabinett als eine überaus elegante Lösung ihres Problems betrachtet. Dass sie jetzt nicht zustande kam, war eine schlechte Nachricht – wie immer auch die genaue Begründung lautete. Hinzu kamen die Kollateralschäden, die Stoiber bei der autoritären Steuerung des gesamten Entscheidungsprozesses angerichtet hatte.

Beckstein befand sich auf einer außergewöhnlichen Mission, als sich Stoiber zum Rückzug entschloss. Am Reformationstag hatte er zunächst in der Nürnberger Sebalduskirche eine Kanzelrede gehalten. Danach brach er zur Lorenzkirche auf. Unterwegs erreichte Stoiber ihn auf dem Handy. Nicht er, sondern Glos gehe ins Kabinett, sagte er in der gebotenen Eile. Beckstein hatte zu tun. Schließlich musste er seine Rede noch ein zweites Mal halten. Von 2 Uhr bis 3.30 Uhr telefonierten die beiden noch einmal. In dieser Nacht erlosch ein Lebenstraum. Der Zweiundsechzigjährige stand kurz davor, aus der Politik auszusteigen und ein konkretes Angebot aus der Finanzwelt anzunehmen. Doch die Enttäuschung war nicht grenzenlos und das Verständnis der Ehefrau auch nicht. »Günther«, sagte sie, »sei nicht so wehleidig. Es ist doch selbstverständlich, dass manche

Träume nicht in Erfüllung gehen. Darüber wird ned gejammert.«

Einen gewissen Trost boten die demoskopischen Daten. Danach stand Beckstein nämlich an seinem persönlichen Tiefpunkt im Zenit seines öffentlichen Ansehens. Infratest dimap ermittelte unter den CSU-Anhängern eine Note von 1,8 und unter allen Wahlberechtigten den Wert 2,2. So gut hatte er nicht einmal nach dem 11. September 2001 dagestanden. Oder war das nur eine rechnerische Größe, in der sich die Enttäuschung über Stoiber und das Mitleid mit dem Franken bündelten? Dieser erklärte am Ende des Jahres 2006 in einem Interview der »Welt«, zu seinen Aussichten, eines Tages doch noch Ministerpräsident zu werden: »Ich bin kein ganz junger Hase mehr, sodass sich nach menschlichem Ermessen diese Frage nicht stellt.« Tatsächlich schien die letzte Chance des Zweiundsechzigjährigen, Ministerpräsident zu werden, zu diesem Zeitpunkt vertan. Doch die Sache hatte auch ihr Gutes: Die Becksteins schmiedeten Urlaubspläne, die für ihre Verhältnisse geradezu extreme Ausmaße annahmen. Gemeinsam mit Becksteins Bruder Hellmut und dessen Frau verbrachten sie in den Osterferien zehn Tage auf Teneriffa. Im Sommer ging es für fast drei Wochen nach Indonesien.

Zeit der Emanzipation

Exakt drei Tage nach seinen Auftritten in den beiden großen evangelischen Kirchen Nürnbergs trifft Beckstein im Vatikan auf Papst Benedikt XVI. Bei einer Privataudienz für die Landtagsfraktion zeigt der Pontifex aus Marktl am Inn sich über das aktuelle Geschehen bestens informiert. Nun sei es ja wohl anders gekommen als erwartet, meint er. Beckstein antwortet: »Der Mensch denkt, Gott lenkt.« Im Gespräch mit Journalisten gibt er sich lockerer. Eigentlich habe Stoiber mit seinem Rückzug aus Berlin den Konflikt zwischen Huber und ihm salomonisch gelöst, unkt er. Im Laufe des zweitägigen Aufenthalts in Rom bereinigen die beiden Rivalen die Auseinandersetzung, die sich am Ende als überflüssig herausstellte. Den mitgereisten Journalisten verkünden sie: »Wir haben uns bestätigt, dass wir Freunde sind und bleiben.« Ansonsten beschränkt Beckstein sich auf die Bemerkung, das Hin und Her der zurückliegenden Wochen habe Stoibers Ansehen nicht gerade gefördert. Für den Ministerpräsidenten ist die Reise nach Rom wie ein Gang nach Canossa. »Ich möchte euch herzlich darum bitten, mir die Chance zu geben, einen Neuanfang für Bayern zu beginnen«, sagt er, an die Abgeordneten gewandt.

Doch die wollen es ihm diesmal nicht so leicht machen. Am Tag vor der ersten Fraktionssitzung nach Stoibers Rückzug aus Berlin trägt Herrmann bei einer Pressekonferenz das Sündenregister des Ministerpräsidenten vor. Dessen einsame Entscheidungen hätten heftige Turbulenzen ausgelöst, weil die Bevölkerung sie nicht nachvollziehen könne. Mit seinem Taktieren habe Stoiber Becksteins Berufung als Bundesinnenminister verpatzt. Die Ratschläge seiner Freunde habe er ignoriert. Im Übrigen gehe es nicht nur darum, Entscheidungen der Staatskanzlei nur in der Presse zu erläutern. Sie müssten zuvor mit den Führungsgremien der Partei und der Fraktion abgestimmt werden. Mit einer »Basta-Politik« sei schon Bundes-kanzler Schröder gescheitert. Stoiber könne jetzt zeigen, dass er die Kritik wirklich einsehe. »Deutliche Zeichen müssen her, und zwar zügig.«

»Ich leide wie ein Hund«

Herrmann bemängelt Stoibers anhaltende Fixierung auf die Bundespolitik, seine gegen die Ostdeutschen gerichteten Aus-fälle im Wahlkampf und Querschüsse gegen Merkel. Wenn die große Koalition zustande komme, werde die Identität der CSU in besonderer Weise von der Landespolitik bestimmt werden, meint er. Die Fraktion erwarte, dass Stoiber sich künftig auf sei-ne Aufgaben als Ministerpräsident konzentriere. Herrmann be-klagt das »Hopplahopp« beim achtjährigen Gymnasium und die Vorgehensweise der Staatskanzlei bei der Verwaltungsreform. Die Grundausrichtung der Politik bezeichnet er aber als richtig. Außerdem wagt er die Prognose, dass sich der Unmut in absehbarer Zeit legen werde. Darum hege er keine Zweifel daran, dass Stoiber die Partei 2008 als Spitzenkandidat in die Landtagswahl führen werde.

In der Fraktionssitzung erweist sich, dass der Vorsitzende sich noch relativ maßvoll geäußert hat. Abgeordnete berichten, dass Stoiber regelrecht »zur Sau gemacht« worden sei. Er selbst prägt in dieser Sitzung zum ersten Mal den berühmt gewordenen Satz »Ich leide wie ein Hund«. Der frühere Justizminister Sauter, den Stoiber im September 1999 wegen finanzieller Verluste einer halbstaatlichen Wohnungsbaugesellschaft in einem Telefongespräch entlassen hatte, kritisiert ihn mit den Worten: »Edmund, du hast den Bayern ihren Stolz genommen und dem Freistaat seinen Nimbus.« Es ist auch die Stunde der zahlreichen Feinde, die sich Stoiber über viele Jahre hinweg gemacht hat.

Gegenüber der Presse zeigt er sich anschließend »sehr beeindruckt, sehr bewegt und sehr zufrieden über die Kritikbereitschaft, aber auch die Loyalität in meiner Fraktion«. Der Vorsitzende der SPD-Landtagsfraktion, Franz Maget, wirft den Abgeordneten der CSU vor, alle Entscheidungen Stoibers immer mitgetragen zu haben. Weder das achtjährige Gymnasium noch die Verwaltungsreform habe er allein beschlossen. Als Stoiber stark gewesen sei, habe man ihn auf einen Sockel gehoben. »Jetzt, wo er am Boden liegt, trampeln sie auf ihm herum.« Mindestens so bedrohlich wie die laute Kritik ist für Stoiber das auch unter den eher wohlwollenden Abgeordneten verbreitete Gefühl, er werde seinen autoritären Führungsstil nicht ändern, weil er dazu schlichtweg nicht fähig sei. Es gelingt ihm nicht mehr, dieses Misstrauen zu zerstreuen.

Als Ende November der Wirtschaftsminister Otto Wiesheu in den Vorstand der Bahn eintritt, übernimmt Huber dessen Ressort. Zum Leiter der Staatskanzlei beruft Stoiber jetzt den Minister für Europaangelegenheiten, Eberhard Sinner. Damit trifft er eine Entscheidung nach dem Geschmack der Fraktion, die den Förster aus Unterfranken als einen der Ihren betrachtet. Kurze Zeit später scheint es so, als erfülle Stoiber den Parlamentariern noch einen weiteren Wunsch. Er wechselt nämlich seinen engsten Mitarbeiter, den Regierungssprecher Martin Neumeyer, aus. Doch der Mann, dessen Einfluss auf Stoiber die Abgeordneten als eine der Ursachen für dessen autoritären Führungsstil betrachteten, bleibt in seiner Nähe: Er wird Amtschef der Staatskanzlei mit der Zuständigkeit für Berlin und Brüssel.

Das Verhältnis zwischen dem Ministerpräsidenten und seinem Innenminister hat gelitten. In der Öffentlichkeit spricht Beckstein sich einerseits dafür aus, im Umgang mit Stoiber die Kirche im Dorf zu lassen. Schließlich habe die CSU ihm viel zu verdanken. Andererseits sagt er: »Es tut ihm gut, wenn er mehr auf uns hört.« Im Januar 2006 muss sich Beckstein von seinen Fraktionskollegen vorhalten lassen, die Diskussion über Stoiber angeheizt zu haben. Am Rande der traditionellen Klausur der Landtagsfraktion in Wildbad Kreuth sagt er in einem Gespräch mit dem Online-Dienst des *Spiegel,* er halte es »grundsätzlich schon für möglich«, dass der stellvertretende Parteivorsitzende Horst Seehofer ein guter Parteichef sei. »Er würde allerdings, bedingt durch seinen eigenen Stil und seine eigene Schwerpunktsetzung, innerhalb der CSU deutliche Wellen aufwerfen.« Von daher sei es vielleicht ganz gut, dass eine solche Entscheidung jetzt nicht anstehe. Die Frage einer erneuten Spitzenkandidatur Stoibers für die Landtagswahl 2008 werde sicher erst 2007 entschieden. Wieder einmal hat Beckstein schlichtweg gesagt, was er dachte. In der Fraktion heißt es, einer wie er äußere sich nicht aus reiner Unbedarftheit in dieser Weise.

Erosion der Macht

Im April antwortet der Ministerpräsident auf die Frage, ob er es im Herbst 2008 noch einmal wissen wolle, mit den Worten: »Das entscheiden wir gemeinsam, wenn es ansteht. Ich fühle mich fit und bin gut beieinander.« Beckstein erklärt der *Passauer Neuen Presse* »Ich halte es für ausgeschlossen, dass jemand gegen Stoiber kandidiert.« Auch in der Frage des Parteivorsitzes rechne er nicht mit einer Änderung. Huber lobt die »ungebrochene Vitalität« Stoibers. »Von daher steht einer Kandidatur gar nichts im Wege.« Der Aufstand bleibt aus, doch der Ansehensverlust Stoibers ist unübersehbar.

Ein Symptom dafür sind die Sammlungen von missglückten Redepassagen Stoibers, die im Internet eine große Resonanz finden. Die Welt kann ungerecht sein: Stoiber hat vor seinem Rückzug aus Berlin durchgesetzt, dass die große Koalition sich klar zum Transrapid bekennt, aber die Öffentlichkeit macht sich über einen gescheiterten Versuch lustig, die Vorteile einer Referenzstrecke in Bayern zu erläutern. »Wenn Sie vom Hauptbahnhof in München mit zehn Minuten ohne dass Sie am Flughafen noch einchecken müssen dann starten Sie im Grunde genommen am Flughafen am ... am Hauptbahnhof in München starten Sie ihren Flug zehn Minuten – schauen Sie sich mal die großen Flughäfen an wenn Sie in Heathrow in London oder sonstwo meine s Charles de Gaulle in äh Frankreich oder in äh in ... in Rom wenn Sie sich mal die Entfernungen ansehen, wenn Sie Frankfurt sich ansehen dann werden Sie feststellen dass zehn Minuten Sie jederzeit locker in Frankfurt brauchen um ihr Gate zu finden – Wenn Sie vom Flug – äh vom Hauptbahnhof starten Sie steigen in den Hauptbahnhof ein Sie fahren mit dem Transrapid in zehn Minuten an den Flughafen in an den Flughafen Franz-Josef Strauß dann starten Sie praktisch hier am Hauptbahnhof in München – das bedeutet natürlich dass der Hauptbahnhof im Grunde genommen näher an Bayern an die bayerischen Städte heranwächst weil das ja klar ist weil aus dem Hauptbahnhof viele Linien aus Bayern zusammenlaufen.«

Im November 2006 kündigt sich in einer Sitzung der Fraktion größeres Unheil an. Als die Abgeordneten über die Freigabe der Ladenschlusszeiten debattieren, spricht Stoiber sich für einen Kompromiss aus, der auf eine Verlängerung der Öffnungszeiten bis 22 Uhr hinausläuft. Doch er findet damit kein Gehör. Stattdessen stimmen die Abgeordneten nur über die Beibehaltung der Öffnungszeiten oder deren völlig Freigabe ab. Ohne Stoiber. Denn der hat die Sitzung vorher verlassen, um einen relativ unwichtigen Termin in Unterfranken wahrzunehmen. Die Abstimmung endet mit einem Patt. Das ist für CSU-Verhältnisse schon ungewöhnlich genug. Auffällig ist aber auch Stoibers Flucht. Traut er es sich schon nicht mehr zu, die Fraktion auf seine Linie einzuschwören? Auf den Verfall seiner Autorität folgt die langsame Erosion der Macht.

Nicht unwichtig: die schöne Landrätin

Unterdessen ruft die Fürther Landrätin Gabriele Pauli im Internet zu einer Diskussion über die politische Zukunft Stoibers auf. In dem von ihr eingerichteten Forum können Bürger sich dazu äußern, ob sie mit seiner Politik zufrieden sind und ob sie eine weitere Kandidatur bei der Landtagswahl 2008 für richtig halten. Im ersten Beitrag lautet die Antwort nein. Er stammt von Pauli selbst. Stoibers Verdienste seien groß, schreibt sie. »Trotzdem haben ihm viele Bürger nicht verziehen, dass er in Berlin kein Ministeramt angenommen hat und damit die bayerischen Spitzenpolitiker Beckstein und Huber umsonst ins Rennen schickte.« Jetzt könne er noch ohne Gesichtsverlust und mit allen Würdigungen sein Amt abgeben. Wenn er sich dazu nicht entschließe, beginne für die CSU ein schmerzlicher Prozess.

Die Frau ist ein Talent. Mit einem Stipendium des Instituts für Begabtenförderung der Konrad-Adenauer-Stiftung studiert sie Betriebswirtschaftslehre. Sie arbeitet unter anderem für einen Bundestagsabgeordneten, bevor sie bei dem Politik- und Kommunikationswissenschaftler Franz Ronneberger am Beispiel der CSU eine Dissertation über die Öffentlichkeitsarbeit politischer Parteien anfertigt. In ihrer 1986 vorgelegten 342-seitigen Arbeit gelangt sie zu der Erkenntnis, dass die CSU zwar eine Fülle von Daten zur öffentlichen Willensbildung zusammenträgt und aufbereitet, sie aber nur selten in Wahlkämpfe Eingang fänden. Das Material diene nicht als Grundlage einer Strategie, sondern eher als Instrument zur Bestätigung der bereits praktizierten Politik.

1990 bekommt Pauli die Chance, für das Landratsamt in Fürth zu kandidieren, weil der Kreis als sozialdemokratische Hochburg gilt, in der erfahrene CSU-Politiker sich eine Niederlage ersparen wollen. In der Stichwahl setzt sie sich mit 50,4 Prozent der Stimmen durch. Gegenüber ihren zumeist männlichen Amtskollegen macht sie kein Hehl daraus, dass sie eines

Tages als Staatsministerin in der Regierung sitzen möchte. Und man traut es ihr auch zu. 1996 wird sie bereits im ersten Wahlgang mit 59,3 Prozent wiedergewählt. Im Jahr 2002 bleibt sie nur knapp unter der Zwei-Drittel-Mehrheit. Die Landrätin beklagt sich öffentlich über die Auswirkungen von Stoibers Verwaltungsreform auf die Kommunen und wirft dem Regierungschef pure Selbstsucht als Motiv für seine Politik vor. Auf dem Parteitag im Oktober des Jahres 2006 tritt sie dafür ein, die Amtszeit des Ministerpräsidenten auf zwei Perioden zu begrenzen und den Spitzenkandidaten in einer Urwahl zu bestimmen.

Am 18. Dezember moniert Pauli im Landesvorstand, »dass man in meinem Privatleben herumwühlt«. Ein Mitarbeiter der Staatskanzlei habe sich telefonisch bei einem Parteifreund erkundigt, ob es zum Beispiel Alkoholprobleme oder Liebschaften gebe, die man ihr »anhängen« könne. Aus der Stellungnahme der Staatskanzlei geht hervor, dass Stoibers Büroleiter Michael Höhenberger tatsächlich ein Telefongespräch geführt hat, in dem er sich bei einem langjährigen gemeinsamen Bekannten nach Pauli erkundigte. Von einem Ausspähen oder Bespitzeln könne aber keine Rede sein, heißt es. Stoiber habe von dem Gespräch nichts gewusst. Beckstein fordert Pauli in seiner Eigenschaft als ihr Bezirksvorsitzender auf, ihre »schlimmen Vorwürfe« einzustellen und spricht von einer »Hetzkampagne gegen die CSU«. Am 22. Dezember bittet Höhenberger um die »Entbindung von seinen Aufgaben«. Abends treffen Beckstein und Pauli sich in Nürnberg zu einem zweieinhalbstündigen Gespräch unter vier Augen. Anschließend geben sie getrennte Pressekonferenzen. Für Pauli ist die Sache mit Höhenbergers Rücktritt nicht erledigt. Sie fordert weiterhin eine Urwahl zur Nominierung des Spitzenkandidaten bei den Landtagswahlen im Jahr 2008. Dieses Ansinnen nennt Beckstein legitim, aber er unterstützt es nicht. Ihm ist klar, dass er selbst – in einem Alter von fast 65 Jahren – sicher nicht als Favorit in eine solche Abstimmung gehen würde. So spricht er sich für eine Spitzenkandidatur Stoibers aus und verurteilt aber-

150

mals Paulis Kampagne gegen ihn. Allerdings distanziert er sich auch von Höhenbergers Aktion.

Auch wenn das Gespräch keine Einigung erbringt, nutzt es Beckstein. Denn in der Öffentlichkeit steht er als derjenige da, der wenigstens mit der Frau redet, während Stoiber dies noch strikt ablehnt. Der Vergleich stärkt den Minister. So ist das Treffen in Nürnberg symptomatisch für die Art, in der sich das Verhältnis zwischen dem Ministerpräsidenten und seinem Innenminister immer mehr wandelt: Stoibers Ansehen leidet, Beckstein gewinnt durch den Kontrast. Er ahnt, dass diese Entwicklung noch nicht zu Ende ist, und er erkennt, dass sie ohne sein eigenes Zutun vonstatten geht.

Paulis Aktivitäten haben mit dem Rücktritt eines jahrelangen engen Vertrauten von Stoiber jetzt ihre größten Ausmaße erreicht. Doch die Erschütterungen in der Staatskanzlei sind nicht etwa die Folge ihres politischen Geschicks, sondern die Konsequenz aus dem persönlichen Fehlverhalten eines hohen Beamten. Und ihm gingen schwere Fehler Stoibers voraus. Paulis Bitte um ein persönliches Gespräch hätte er nicht ablehnen dürfen – schon gar nicht mit der Begründung, sie sei »nicht wichtig«. Sie war sogar sehr wichtig, und das wusste niemand besser als Stoiber selbst. Mancher Abgeordneter der Landesgruppe in Berlin würde sich glücklich schätzen, die einflussreiche und angesehene Position eines bayerischen Landrats bekleiden zu dürfen – von den meisten Parlamentariern im Maximilianeum ganz zu schweigen. Nicht Pauli selbst, sondern Stoibers vermeidbare Reaktionen auf sie beschleunigten seine Destabilisierung. Deren eigentliche Ursache waren die zunehmende mentale Distanz zwischen der Fraktion und ihrem Ministerpräsidenten und die zusehends schlechter werdenden Umfragedaten der CSU. Diese Entwicklung besaß eine eigene Dynamik, die von Pauli nur zusätzlich befeuert wurde.

Immerhin bleibt Stoiber über die Jahreswende im Amt. Am 9. Januar 2007 stärkt die CSU-Führung ihm gar den Rücken.

Das Parteipräsidium fasst einen einstimmigen Beschluss, in dem er als »die Nummer eins in unserer Partei und in Bayern« bezeichnet wird. Außerdem solle er »auch nach der nächsten Landtagswahl im Herbst 2008 seine erfolgreiche Politik für das Land fortsetzen«. Eine Mitgliederbefragung lehnt das Gremium ab. Der stellvertretende CSU-Vorsitzende Seehofer sagt, bei dem Votum des Präsidiums handele es sich nicht um ein erzwungenes Signal der Geschlossenheit. Es sei »sehr vernünftig und sehr ehrlich« diskutiert worden. Er selbst habe »massiv« die Ansicht vertreten, dass Stoiber sowohl Ministerpräsident als auch Parteivorsitzender bleiben solle. Neben dem Präsidium sichern auch die mächtigen Bezirksvorsitzenden Stoiber ihre Unterstützung zu. Bei der am selben Tag beginnenden Klausurtagung der CSU-Landesgruppe im Bundestag heißt deren Vorsitzender Ramsauer »unseren Gast Nummer eins, die Nummer eins schlechthin« besonders herzlich willkommen.

Ein Satz zu viel

Ramsauers Erklärung, die im Rückblick besonders komisch wirkt, ist zu dem Zeitpunkt, an dem sie ausgesprochen wird, für Stoiber eine beachtliche Unterstützung: »Die CSU-Landesgruppe steht hinter Edmund Stoiber, wenn von hinten geschossen wird, sie steht vor ihm, wenn Schüsse von vorn kommen, und um ihn herum.« Herrmann kündigt an, dass auch die Landtagsfraktion, die in der dritten Januarwoche in Kreuth ihre Klausurtagung abhalten will, Stoiber mit einem ähnlichen Beschluss unterstützen wolle. Er geht auch auf eine Umfrage des Instituts Forsa ein, in der sich zwar 60 Prozent der Bayern gegen eine Kandidatur Stoibers im Jahr 2008 aussprechen, aber die CSU bei der Sonntagsfrage immerhin 54 Prozent erhält. Warum sollte der Tabellenführer den Trainer wechseln, fragt Herrmann. Stoiber kann mit diesem Stand der Dinge höchst zufrieden sein.

Doch exakt in dem Moment, in dem er den Schulterschluss mit der Landtagsfraktion schaffen müsste, macht er den Fehler, der das Ende seiner Laufbahn herbeiführen wird. Auf die Frage eines Journalisten, ob er die volle nächste Wahlperiode im Amt bleiben wolle, antwortet er: »Wer mich kennt, weiß, dass ich keine halben Sachen mache.«

Zu Ende gedacht, bedeutete diese Ankündigung, dass er bis zum Jahr 2013 an der Spitze des Freistaats stehen wollte. Die Mehrheit der Bayern war grundsätzlich gegen eine weitere Kandidatur Stoibers. Er aber tat kund, erst als Zweiundsiebzigjähriger nach zwei Jahrzehnten im Amt abtreten zu wollen. Aber nicht nur Stoibers Plan als solcher war für die Abgeordneten nicht akzeptabel, sondern auch die Tatsache, dass er damit die Zustimmung der Fraktion zu seiner weiteren Kandidatur schon als gegeben unterstellte. Herrmann hatte ein solches Votum zwar in Aussicht gestellt, aber viele Abgeordnete rangen noch heftig mit sich und waren keineswegs schon entschlossen. Sie erkannten in seinem Verhalten jetzt abermals die Missachtung, die Stoiber der Fraktion gegenüber seit seinem Wahltriumph im Jahr 2003 an den Tag gelegt hatte. Auf die Kritik daran reagierte er gelegentlich mit gespielter Zerknirschung und Lippenbekenntnissen, die das Vertrauen der Fraktion aber nicht wiederherstellen konnten.

Angesichts seines eigenen Aufstiegs wusste Stoiber, wie sensibel und mächtig die Landtagsfraktion war. Dass er diese Tatsache über Jahre hinweg in seiner politischen Arbeit missachtete, zeugt von einer Abgehobenheit, deren wichtigster Grund sicher Stoibers permanente Präsenz auf dem Berliner Hauptstadt-Parkett war. Für eine zusätzliche Entfremdung sorgte auch Stoibers »Entourage« in der Staatskanzlei.

Gewählte Abgeordnete reisen mit dem Selbstbewusstsein eines Mandatsträgers in die Landeshauptstadt, der seine Anliegen gleichsam im Namen des Volkes mit dem Minister oder, besser noch, mit dem Ministerpräsidenten selbst bespricht. Während

Leute wie Beckstein dafür persönlich zur Verfügung standen, verwies Stoiber die Abgeordneten schon an seine Mitarbeiter, bevor sie ihm ihr Problem überhaupt vollständig hatten schildern können. Manche Mitglieder der Fraktion haben ihm dies sehr übel genommen. Denn damit wurden sie in die Rolle eines Bittstellers gedrängt, dessen eigentliche Bedeutung die Beamten der Staatskanzlei sich nicht vor Augen hielten, wenn sie darangingen, sein Anliegen zu »prüfen«. Solche Kontakte schufen zusätzlich Distanz. Sie verschärften die menschliche Entfremdung zwischen Stoiber und den Parlamentariern. Diese beendeten das immer schwieriger gewordene Verhältnis, als Stoiber ihnen fünf weitere gemeinsame Jahre ankündigte. Sie konnten es den Wählern nicht mehr erklären und wollten sie sich selbst nicht mehr zumuten.

Der Innenminister würde als Nachfolger zur Verfügung stehen, erzählen sich am Freitag, dem 12. Januar 2007, die Gäste beim Neujahrsempfang des Ministerpräsidenten in der Münchner Residenz. Und während die schöne Landrätin in einem schwarz-grünen Traum das ebenso elegante Ehepaar Stoiber begrüßt, fragen die Gesprächspartner sich, wie weit Beckstein wohl gehen wird, um das Amt zu bekommen, dem er sich schon zweimal so nahe wähnte. Für einen Putsch, Intrigen oder als Gegenkandidat stehe er nicht zur Verfügung, hat er wissen lassen. Erwin Huber und Horst Seehofer sagen dasselbe. Am späten Abend verkündet das Zweite Deutsche Fernsehen die aktuellen, für das »Politbarometer« ermittelten Zahlen: Danach kommt die CSU bei der Sonntagsfrage nur noch auf 45 Prozent der Stimmen. Dies würde nicht nur das Ende der Alleinregierung bedeuten. Nachdem der Stoiber-Effekt bei der Bundestagswahl im Jahr 2002 Kandidaten ins Parlament gespült hatte, die im Traum nicht damit gerechnet hatten, würden nun so viele Abgeordnete wie niemals zuvor ihr Mandat verlieren. Mindestens 40 Abgeordnete machen sich von nun an nur noch Sorgen um ihre politische Existenz. Die Analyse, die das Denken und Tun jedes

Einzelnen von ihnen bestimmt, hat in ihrer bairischen Kurzversion eine rhetorisch-literarische Qualität: »Woast, dass i im Landtag bi, verdank i dem Edi. Und dass i nimma reinkimm, verdank i a dem Edi.« Die nächste Woche würde der CSU die Gelegenheit bieten, ihre wichtigsten Angelegenheiten zu regeln: in Wildbad Kreuth.

Der Coup von Kreuth

Bis zum Mittag herrscht Stille auf dem idyllischen Hochplateau vor den Blaubergen im Südwesten des Tegernsees. Dann biegen Taxis und Dienstlimousinen aus dem Wald in die Auffahrt zum Bildungszentrum der Hanns-Seidel-Stiftung ein. 44 Mitglieder gehören dem erweiterten Vorstand der CSU-Landtagsfraktion an. In der Sitzung, die am Montag um 15 Uhr beginnt, melden sich 37 zu Wort. Einige Kabinettsmitglieder stärken Stoiber den Rücken. Der Innenminister ist noch nicht da. Er tagt mit seinen Amtskollegen aus den Ländern in Dresden. Etwa zwei Drittel der Abgeordneten sprechen sich dagegen aus, dass Stoiber zu den Landtagswahlen noch einmal antritt. Ganz exakt lässt sich das allerdings nicht sagen, denn manche Wortmeldungen sind missverständlich, andere sehr ausgewogen. So erklärt es sich, dass die Strichliste, die diesmal der mittelfränkische Abgeordnete Manfred Ach führt, eine ganze Reihe von Kringeln aufweist. Das heißt so viel wie unentschieden.

Die meisten Argumente sind Wiederholungen oder Variationen der Kritik, die seit Stoibers Rückzug aus Berlin nicht verstummt ist und in erster Linie seinen Führungsstil betrifft. Doch ein Argument ist so aktuell wie die *Bild*-Zeitung vom selben Tag. Die berichtet nämlich, dass der Bundeslandwirtschaftsminister und stellvertretende CSU-Vorsitzende Horst Seehofer in Berlin mit einer Freundin zusammenlebe. Ursula Männle, die ihre Partei über Jahrzehnte hinweg im Maximilianeum, im Ministerrat und im Bundestag aus allen nur denkbaren Perspektiven kennengelernt hat, fühlt sich an die Intrige erinnert, der sich Theo Waigel 1993 ausgesetzt sah, als er mit Stoiber um das Amt des Ministerpräsidenten rang. Der versteht den unausgesprochenen, gegen ihn gerichteten Vorwurf erst mit einer kurzen Verzögerung und faucht empört zurück. Die Schärfe, mit der Stoibers Kritiker sich zu Wort melden, ist ungewohnt. »Ein paar Mal dachte ich: Jetzt steht er auf und geht«, sagt Henning Kaul, der langjährige Vorsitzende des Umweltausschusses im Maximilianeum.

Die Sitzung dauert etwa acht Stunden. Abends bekommt Herrmann von einem Mitarbeiter eine Agenturmeldung gereicht. Es heißt, Stoiber habe im Fraktionsvorstand erklärt, er wolle zwar 2008 wieder kandidieren, er müsse aber nicht. Dieser gerät damit in eine äußerst peinliche Situation. Denn das hat niemand gehört. Als Herrmann ihn bittet, zu klären, wie es zu dieser Meldung kommen konnte, verlässt Stoiber den Raum wie ein Schulbub, den der Lehrer aus der Klasse geschickt hat. Ein paar Minuten später kehrt er zurück. Seine Mitarbeiter hatten den Auftrag gehabt, die Äußerung zu lancieren – unabhängig von dem tatsächlichen Verlauf des Gespräches. Der Vorgang ist bezeichnend: Eigentlich wollte Stoiber während der Klausurtagung um das Vertrauen der Fraktion werben. Im Ergebnis bewirkte er exakt das Gegenteil. Immerhin war seine Aussage nun in der Welt – was immer er damit auch bewirken wollte. Am Dienstagmittag greift Herrmann sie im Gespräch mit Journalisten auf. Viele Kollegen im Vorstand erwarteten, dass Stoiber den »Weg für eine Erneuerung« zum richtigen Zeitpunkt frei mache, sagt er. Und dieser habe die Tür zu einer Einigung nun »einen Spalt breit aufgemacht«.

Am Dienstag legt *Bild* nach: Seehofers Freundin erwartet ein Kind von ihm. Den inzwischen ebenfalls eingetroffenen Innenminister veranlasst der Bericht zu dem Hinweis, dass auch Bischöfe schon Verhältnisse gehabt hätten. Vor fünfzig Jahren hätten außereheliche Affären Kritik ausgelöst, inzwischen rege sich darüber kaum noch jemand auf. Um 14 Uhr tritt die gesamte Fraktion zu ihrer ersten Plenarsitzung zusammen. Von den 123 anwesenden Mitgliedern äußern sich knapp 80. Wieder muss Stoiber sich harsche Vorwürfe anhören. Ein paar Getreue verteidigen ihn. Beckstein weist auf die Gefahren hin, die das von der SPD angekündigte Volksbegehren für Neuwahlen mit sich bringe. Er ist sich natürlich darüber im Klaren, dass dieses Argument Stoiber destabilisiert. Denn die CSU kann der SPD nur den Wind aus den Segeln nehmen, indem sie ihren Spitzenmann zurückzieht. Außerdem erhöhen die Pläne der Opposition die Nervosität der Abgeordneten, die ohnehin um ihr Mandat bangen. Sie könnten es möglicherweise noch früher verlieren als befürchtet.

Stoiber redet nur eine halbe Stunde lang. Er schlägt vor, dass der Parteitag im Herbst 2007 über den Spitzenkandidaten für die Landtagswahlen 2008 entscheiden solle. Schon im Februar will er mit einer Serie von Regionalkonferenzen beginnen, um direkt mit der Basis ins Gespräch zu kommen. Ohne eine förmliche Abstimmung einigt man sich auf eine Resolution, die Herrmann formuliert hat. »Wir stehen zu Edmund Stoiber und der von ihm verantworteten, überaus erfolgreichen und zukunftsweisenden Politik«, heißt es dort einerseits. Aber es findet sich auch eine bemerkenswerte Klarstellung: »Die Frage der Spitzenkandidatur zur Landtagswahl 2008 ist offen.« Die Entscheidung des Parteitags soll Stoiber in Gesprächen mit den Spitzen von Partei und Fraktion »rechtzeitig« vorbereiten.

Das klingt einerseits vage, andererseits verpflichtet man den Parteichef so auf ein gemeinsames Vorgehen. Doch der bricht noch in derselben Nacht wieder aus: Eigentlich ist verabredet, dass Herrmann und Stoiber die Resolution der Presse gemeinsam vorstellen. Aber bevor es dazu kommt, gibt es einen lautstarken Streit zwischen den Mitarbeitern der beiden. Am Ende erläutert der Fraktionschef die Resolution in den Eingangsräumen des Hauses und erwähnt dabei auch Vorbehalte in der Bevölkerung, die sich gegen Stoiber richteten und nicht ignoriert werden dürften. Dieser spricht draußen zu einer Traube von Journalisten: »Ich freue mich, dass ich die absolute Rückendeckung für meine Politik habe.« Diese Sichtweise sprach dem Verlauf der Sitzung Hohn.

Der Sturz

»Ländlicher Raum – Herausforderungen und Perspektiven«. Mit diesem »Impulsreferat« beglückt der baden-württembergische Landwirtschaftsminister Peter Hauk am Mittwochmorgen von 9 Uhr an die völlig frustrierten Abgeordneten. Ihre Stimmung steigt auch nicht, als am Nachmittag der oberösterreichische Landeshauptmann Josef Pühring über den Ausgang der Nationalratswahlen spricht. Doch am Rande dieser Arbeitssitzung tut sich etwas: Edmund Stoiber bittet Günther Beckstein aus dem Saal, um eine »Zwischenbilanz« der Klausurtagung zu ziehen. Er meint, es habe sich herausgestellt, dass es zu ihm, Stoiber, »keine personelle Alternative« gebe, zumal eine Doppelspitze als Nachfolgelösung ausscheide. »Der Erwin und du, ihr streitet ja nur miteinander.« Darauf entgegnet Beckstein: »Das müsste man mal ausloten.« Stoiber: »Ja, habt ihr denn nicht mal miteinander geredet?« Beckstein nimmt die Frage als Aufforderung, geht zurück in den Sitzungssaal und wartet auf eine günstige Gelegenheit, um mit Huber unter vier Augen zu sprechen. Die beiden verständigen sich darauf, dass der eine Regierungschef, der andere Parteivorsitzender werden soll. Anschließend gehen sie gemeinsam zu Stoiber. »Langsam, langsam«, sagt der Mann, dessen Ämter sie gerade unter sich aufgeteilt haben. Er werde dem Parteivorstand am nächsten Montag einen Vorschlag zum weiteren Verfahren machen. Doch jetzt lassen Beckstein und Huber sich das Heft nicht mehr aus der Hand nehmen. Stoibers Entmachtung hat begonnen.

Um 18.45 Uhr kommt die Fraktion im Seminarraum 6 zur traditionellen ökumenischen Andacht zusammen. Dass die Lage inzwischen besser ist als ihre Stimmung, ahnen sie noch nicht. Erst als sie nach dem Abendessen noch bei Bier und Wein im Speisesaal zusammensitzen, klärt sich die Situation. Beckstein und Huber gehen einzeln von Tisch zu Tisch und werben für ihren Plan. Sie stoßen damit nicht nur bei Stoibers Kritikern auf Zustimmung, sondern auch bei seinen Getreuen. Jedenfalls wird die von Manfred Weiß geführte »Ü-Liste« mit den Namen der Überläufer immer länger. Die Auswahl des Ministerpräsidenten ist Sache der Fraktion. Darum kommt Beckstein seinem Ziel an diesem Abend schon sehr nahe. Die Unterstützung für Huber bedeutet im Moment lediglich, dass seine Kollegen ihn ins Rennen schicken. Der anwesende Landesgruppenvorsitzende Peter Ramsauer lässt es im Moment geschehen, aber die Bundestagsabgeordneten werden das nicht ohne Weiteres hinnehmen. Offen bleibt die Frage, warum Stoiber auch an diesem Abend nach Hause gefahren ist, obwohl in Kreuth für den Parteivorsitzenden immer eine Suite bereitgehalten wird, die sehr viel großzügiger ausgestattet ist als die kargen Einzelzimmer für einfache Abgeordnete. In seiner Anwesenheit wäre es nicht möglich gewesen, in diesem großen Kreis so ungestört seinen Sturz zu besiegeln.

Zu später Stunde stimmen Barbara Stamm und der oberbayerische Abgeordnete Jakob Kreidl Volkslieder an. Es ist schon nach Mitternacht, als die ersten Kollegen sich auf ihre Zimmer begeben. Sie alle verbindet ein Gefühl der Hoffnung: »Wenn sie schon wieder ›Am Brunnen vor dem Tore singen‹, ist noch nichts verloren.« Am Donnerstagmorgen lässt Alois Glück verlauten, »geschwätzige Abgeordnete« hätten nur ein »Denkmodell« ausgeplaudert. Beckstein hingegen sagt der Presse: »Es ist selten, dass etwas völlig aus der Luft gegriffen ist. Wir wollen jetzt schauen, wie wir vorankommen.« Die Abgeordneten, die nach dem Ende der Klausur mittags von einem Bus nach München gebracht werden, hören in den Radionachrichten, dass der Ministerpräsident und CSU-Vorsitzende überraschend für 14 Uhr eine Presseerklärung in der Staatskanzlei angesetzt habe. Beckstein hat er zuvor in einem extrem kurzen Anruf verständigt, der kaum mehr als einen Satz enthielt.

Vor der Presse kündigt Stoiber an, das Amt des Ministerpräsidenten zum 30. September 2007 abzugeben und auf dem CSU-Parteitag im September nicht mehr für den Parteivorsitz zu kandidieren. Beckstein nennt Stoibers Rückzug eine »wuchtige, mutige Entscheidung«. Er sei kein Getriebener, sondern setze die Akzente selbst. Der Dreiundsechzigjährige meldet nun auch offiziell sein Interesse an dem Amt des Regierungschefs an. Indem er Hubers Anspruch auf den Parteivorsitz unterstützt, zieht er sich die Kritik der Bundespolitiker zu.

Horst Seehofer sagt: »Nach allem, was führende Partei- und Führungsmitglieder zu mir gesagt haben, erwarte ich, dass mit mir über den Parteivorsitz gesprochen wird.« Er habe aus den Nachrichten erfahren müssen, dass Beckstein und Huber Stoibers Ämter unter sich aufteilen wollten. Es stelle sich die Frage, ob die CSU sich ein solches Vorgehen bieten lassen müsse. Der Siebenundfünfzigjährige betont, dass er auch vor einer Kampfkandidatur auf dem Parteitag im September nicht zurückschrecken werde. Die Frage, wer die Berichte über sein Privatleben ursprünglich lanciert hat, lässt sich nicht klären. Zu vielen Politikern und Journalisten in der Hauptstadt ist das Liebesverhältnis schon lange vor dem Beginn der Klausurtagung in Kreuth bekannt gewesen.

Jetzt pocht auch Ramsauer auf ein Mitspracherecht der CSU-Bundestagsabgeordneten bei der Besetzung des Parteivorsitzes. Mit Seehofer und Bundeswirtschaftsminister Glos gebe es zwei geeignete Bewerber für dieses Amt. Die CSU-Bundestagsabgeordneten sähen die Gefahr, dass die Partei mit einer Doppelspitze aus Beckstein und Huber ihre bundespolitische Bedeutung verliere.

Becksteins Anspruch auf das Amt des Ministerpräsidenten wurde von niemandem in Frage gestellt, der Coup von Kreuth allseits akzeptiert. Nur einer tat sich damit schwer. »Kreuth hat mir wehgetan. Ich bin ja auch ein Mensch«, sagte Stoiber dem *Stern* im Sommer 2007. Als der Redakteur meint, er sei mit einem »billigen Hinterzimmermanöver« gestürzt worden, antwortet er: »Sie sagen aber Sachen ... das hören aber manche gar nicht gerne, ›gestürzt‹.« Natürlich wurde Stoiber gestürzt. Und so fühlte er sich auch. Das ließ er in dem autorisierten Wortlautinterview klar erkennen, indem er sagte, dass er seine Ämter nicht freiwillig zur Verfügung gestellt und auch niemanden für die Nachfolge vorgeschlagen habe.

Stoiber war am Ende des von ihm erbetenen Gespräches mit Beckstein nicht mehr Herr der Lage und des weiteren Verfahrens. Ein paar Stunden später einigte sich die Fraktion darauf, ihm mindestens das Amt des Ministerpräsidenten zu nehmen. Denn darüber befand sie allein. Beckstein hatte den Sturz ausgelöst, allerdings erst nachdem er Stoiber länger als andere vor Kritikern in Schutz genommen hatte und als die Fraktion ihn in ihrer großen Mehrheit abgelöst sehen wollte. Das war menschlich angemessen und politisch geboten. Denn Beckstein verbanden mehr als zwei Jahrzehnte enger Zusammenarbeit mit Stoiber, und bei allem Hader blieb es doch eine Tatsache: Er verdankte ihm das Innenministerium. Im Übrigen war der Franke Ende 2006 immerhin schon 63 Jahre alt, also nur zwei Jahre jünger als Stoiber. Eine erkennbare und von langer Hand geplante Offensive hätte ihm nicht gut angestanden und am Ende womöglich noch anderen Aspiranten wie Huber, Herrmann oder Goppel den Weg in die Staatskanzlei geebnet. So blieb Beckstein nur, angesichts der immer deutlicher zutage tretenden Schwierigkeiten zwischen der Fraktion und dem Ministerpräsidenten wachsam zu bleiben und insgeheim auf seine Chance zu hoffen. Als sich die Gelegenheit bot, entwand er dem Ministerpräsidenten die Macht von Angesicht zu Angesicht. Um den jüngeren Aspiranten zu signalisieren, dass sie ihre Chance schon noch bekommen würden, wenn sie ihn nur jetzt gewähren ließen, bezeichnete Beckstein sich selbst zunächst einmal als »Übergangsministerpräsidenten«.

Auf der Zielgeraden

Beckstein übernahm von seinem Vorgänger Stoiber ein blühendes Gemeinwesen, das als erstes deutsches Bundesland seit dem Jahr 2006 keine zusätzlichen Schulden mehr machte und ein Jahr später mit deren Tilgung beginnen wollte. Es musste weniger Zinsen aufbringen und profitierte von den im allgemeinen Aufschwung deutlich steigenden Steuereinnahmen. Doch Stoiber hatte nicht im Traum daran gedacht, auf den letzten Metern seiner Laufbahn das Arbeitstempo zu drosseln, um Beckstein die Chance zur eigenen Profilierung zu geben – im Gegenteil. Noch Mitte Juli 2007 präsentierte er in einer Regierungserklärung ein milliardenschweres Investitionsprogramm, das seine Nachfolger bis zum Jahr 2011 binden sollte. Er verglich den Freistaat mit den anderen Bundesländern und kam zu dem Ergebnis, das er in den zurückliegenden Jahren im Maximilianeum schon so oft verkünden durfte: »Bayern ist heute auf allen wichtigen Gebieten Benchmark in Deutschland.« Nach 14 Jahren an der Spitze des Freistaats konnte Stoiber bei der Wirtschaftskraft, in der Finanzpolitik, bei der inneren Sicherheit, in der Bildungspolitik und auf dem Arbeitsmarkt mit beeindruckenden Zahlen eine ausgezeichnete Bilanz vorlegen. Sie mündete in eine Frage, die sich nicht nur der Opposition, sondern auch dem Nachfolger stellte: »Was wollen Sie denn eigentlich?«

»Die Bewährung für die neue Spitze heißt: den hohen Level zu halten«, verkündete Stoiber. Beckstein wusste, dass er ihm dies nicht zutraute. Aber es lag auf der Hand, dass ein endgültiger Bruch mit Stoiber verhindert werden musste, denn die Konstellation war fragil. Weil es nur eine bei Bier und Wein entstandene informelle Übereinkunft der Fraktion über seine Position gab, musste Beckstein sich mit programmatischen Aussagen, die der inhaltlichen Breite seiner künftigen Rolle entsprachen, zurückhalten. Seine Lage stabilisierte sich, als die

Fraktion ihn am 19. Juli mit 119 von 122 Stimmen offiziell für das Amt des Ministerpräsidenten nominierte. Stoiber versprach ihm seine Unterstützung. Beckstein sagte, was er schon gesagt hatte, als er zunächst Staatssekretär und dann Minister geworden war: Mit seinem Amtsantritt sei keine andere Politik verbunden. Allerdings fügte er diesmal hinzu, dass der Stil sich ändern werde. Anschließend zog er die Laufschuhe an, die ihm die Fraktion zur Feier des Tages geschenkt hatte, und führte den Pressefotografen mit nach oben gerecktem Daumen vor, wie wenig elegant sie in der Kombination mit seinem Anzug wirkten. Auch auf diesen neuen Stil musste Bayern sich einstellen.

Indem Beckstein von vornherein nicht den Anspruch auf den Parteivorsitz erhob, bewegte er sich weiterhin auf der Linie, die er schon im Herbst 2005 während seines Duells mit Erwin Huber verfolgt hatte. Beide Spitzenämter hätte die Landesgruppe dem Franken nie und nimmer zugestanden. Aber indem er sich mit seinem früheren Konkurrenten verbündete, sicherte er sich den Zugriff auf das Amt des Ministerpräsidenten in Bayern. Ob auch Hubers Hoffnungen sich erfüllen würden, war spätestens von dem Moment an nicht mehr entscheidend, als Seehofer kundtat, dass auch er sich mit einem Regierungschef Beckstein schon vertragen werde. Dieser befand sich in einer komfortablen Position und handelte entsprechend: Er empfahl Huber als Vorsitzenden und forderte Seehofer sogar auf, nicht anzutreten. Gleichzeitig ließ er aber keinen Zweifel daran, dass er notfalls natürlich auch mit ihm kooperieren könne.

Der monatelange Wettbewerb der Kandidaten für den Parteivorsitz verlief viel freundlicher, als dies angesichts der Umstände erwartet worden war. Horst Seehofer musste wegen seines Privatlebens eine Pressekampagne über sich ergehen lassen, die auch vor Schlagzeilen wie »Papa eiskalt« nicht zurückschreckte. Sie löste eine solche Empörung aus, dass man schon fast meinen mochte, die Liebesaffäre selbst könne ihm gar nichts anhaben. Aber die geografische Nähe schärft manchmal den

Blick für das eigentliche Problem. So meldete sich Anfang März die wie Seehofers Familie in Ingolstadt lebende CSU-Landtagsabgeordnete Christine Haderthauer zu Wort: »Es gibt ein starkes Bedürfnis an der Basis in Ingolstadt, dass Horst Seehofer seine familiären Verhältnisse endlich klärt.« Das war ganz nach dem Geschmack von Erwin Huber und einer der Gründe dafür, dass er die 1962 in Neumünster geborene Rechtsanwältin nach seiner Wahl zum Vorsitzenden im Oktober 2007 zur Generalsekretärin der CSU machte.

Pauli als Königsmörderin

Doch bis es so weit war, gehörte die Bühne einer anderen. Beim Politischen Aschermittwoch in Passau wurde Gabriele Pauli mit Buhrufen und Pfiffen gnadenlos klargemacht, dass sie die Rolle der Königsmörderin hatte. Wie sollte das Parteivolk auch sonst sowohl Stoiber als auch Beckstein zujubeln? Wenig später erregte die schöne Landrätin in der Zeitschrift *Park Avenue* mit Latex-Handschuhen Aufsehen. Die Prominenz der CSU bemühte sich krampfhaft, die ungewöhnliche Häufung der unpolitischen Ereignisse zu ignorieren, aber das Unterbewusstsein machte nicht immer mit. So kam etwa der designierte Ministerpräsident in einem Festzelt in Traunreut am Chiemsee verbal zu Fall. Eigentlich wollte er nur die Blaskapelle auf eine besonders originelle Weise begrüßen. Er lobte die »strammen Waderln« der jungen Männer und meinte, auch Mannsbilder müssten sie »sexy« und »erotisch« finden. Kaum war der Spruch raus, kam er ihm selbst reichlich merkwürdig vor. So stellte er klar: »Ich heiße Günther und nicht Horst.« – Wie bitte? Später erklärte Beckstein seinen Fauxpas mit sprunghaften Assoziationen. Bei den Waden habe er an sexy gedacht, bei Sex an Seehofer.

Im Juli kündigte Gabriele Pauli ihre Kandidatur für den Parteivorsitz an. Am 29. September stockt den Delegierten des Parteitages der Atem, als sie ans Mikrofon tritt: »Günther, du und ich, wir haben eine gemeinsame Geschichte.« Beckstein und andere hätten ihre Kritik an Stoiber vor einem Jahr genutzt, um endlich die Kraft zum Sturz des ewigen Vorsitzenden zu finden, sagt sie. »Man hat mich als Königsmörderin bezeichnet, versucht, mich in die Rotlicht-Ecke zu stellen.« Dann fragt Pauli: »Wie kann es sein, Günther, dass jemand wie ich öffentlich als Person bezeichnet wird, die zum Psychiater muss?« Den Delegierten ist in diesem Moment nicht klar, worauf sie hinauswill. Beckstein belässt es auf dem Parteitag aber bei dem Angebot eines Gespräches, in dem die Sache später einvernehmlich aus der Welt geschafft wird: Als Pauli im September die Befristung der Ehe auf sieben Jahre vorgeschlagen hatte, war Beckstein von einem Fernsehteam gefragt worden, wie denn die Landtagsfraktion auf diesen Vorschlag reagiere. Er referierte ein paar Meinungsäußerungen und sagte: »Die anderen fragen: Ist es eine Frage, die über Psychologen oder Psychiater zu behandeln ist?«

Auf dem Parteitag bekam Pauli 25 der tausend Delegiertenstimmen. Huber erhielt 58,2 Prozent. Er hatte angekündigt, zunächst ins Kabinett Beckstein einzutreten, um nach der nächsten Bundestagswahl eine Aufgabe in Berlin zu übernehmen. Von seiner mit erstaunlicher Nervosität vorgetragenen Rede setzte sich Seehofer mit einer rhetorischen Glanzleistung ab. Ihm gaben 39,1 Prozent der Delegierten ihre Stimme. Bei der Wahl der stellvertretenden Vorsitzenden bekam Seehofer mit 91,8 Prozent das bei weitem beste Ergebnis. Die so lange anhaltenden Erschütterungen hatten in der Partei eine Sehnsucht nach Harmonie ausgelöst. Darum wählte die Mehrheit den Kandidaten zum Vorsitzenden, den der künftige Ministerpräsident so dringend empfohlen hatte. Die Zahlen und die unterschiedliche Qualität der Bewerbungsreden gaben aber allen Anlass zu der Vermutung, dass Seehofer nur in dieser Ausnahmesituation zu schlagen war. Beckstein wurde mit 96,6 Prozent der Stimmen für das Amt des Ministerpräsidenten nominiert.

Ein Transrapid zum Geburtstag

Auch auf diesem Parteitag wurde Stoibers Geburtstag gefeiert, und auch zum 66. gratulierte die Kanzlerin. Sein Geschenk hatte er allerdings schon ein paar Tage vorher bekommen. Die Deutsche Bahn AG und ein Industriekonsortium der Unternehmen Siemens und ThyssenKrupp hatten eine Realisierungsvereinbarung über den Bau der 37 Kilometer langen Transrapidstrecke zwischen dem Münchner Hauptbahnhof und dem Flughafen unterzeichnet. Auch Huber hatte sich mächtig für das Projekt ins Zeug gelegt. In der Realisierungsvereinbarung verpflichteten sich die Bahn und das Konsortium, nach Abschluss des Planfeststellungsverfahrens im Jahr 2008 einen Festpreis zu nennen. Dabei sollten sie sich an der gegenwärtigen Schätzung der Gesamtinvestitionskosten in Höhe von 1,85 Milliarden Euro orientieren. Der Bund sagte zu, sich mit 925 Millionen Euro zu beteiligen, der Freistaat wollte 490 Millionen Euro beisteuern. Den Rest sollten die Bahn, die Industrie, der Münchener Flughafen und die Europäische Union übernehmen. Stoiber ließ sich seine gute Laune auch nicht durch gewichtige skeptische Stimmen nehmen. Finanzminister Steinbrück bekräftigte seine Zweifel an den geschätzten Kosten und äußerte die Erwartung, dass die genannte Summe übertroffen werde. Der sozialdemo-kratische Verkehrsminister Wolfgang Tiefensee nannte die Münchner Vereinbarung einen Schritt zur Realisierung des Transrapids, meinte aber, sie sei noch nicht die »endgültige Lösung«.

Am 9. Oktober 2007 wählte der Landtag Beckstein mit 122 von 178 abgegebenen Stimmen zum neuen Ministerpräsidenten. Die 124 Abgeordneten der CSU-Fraktion waren vollständig vertreten. In Interviews konnte er jetzt sein Wort, ein Mann des Übergangs zu sein, neu definieren: »Dass ich nicht erwarten kann, 15 Jahre im Amt zu bleiben, ist doch selbstverständlich. Aber dass Übergang nicht heißt, dass das Amt jetzt auf drei oder vier Jahre beschränkt ist, das ist auch klar.« Schon einen Tag später unterstrich der bayerische Ministerpräsident seine Bedeutung, indem er die CDU ermahnte, sich nicht mit Wahlergebnissen unter 40 Prozent zufrieden zu geben. In diesem Zusammenhang erinnerte er an eine Vereinbarung der Unionsparteien: Sie knüpfte den Ausbau von Krippenplätzen an ein Betreuungsgeld für die Eltern, die sich zu Hause um ihren Nachwuchs kümmern wollten. Beckstein forderte die Bundesfamilienministerin Ursula von der Leyen (CDU) auf, dieses Junktim anzuerkennen. »Und wenn das nicht der Fall ist, dann wird der bayerische Löwe sein Zähne und Krallen sehr, sehr deutlich zeigen.«

Bei diesem Thema konnte Beckstein mindestens genauso mitreden wie die Mutter von sieben Kindern, die in die Politik eingestiegen war. Und er besaß eine größere Kompetenz als die meisten seiner Altersgenossen. Denn nicht nur seine Frau war berufstätig, als der Nachwuchs noch klein war, sondern auch seine Mutter. Darum ahnten viele Zuhörer gar nicht, wie fundiert ihr neuer Regierungschef sich Mitte November in seiner Regierungserklärung äußerte, indem er vehement für die Wahlfreiheit der Eltern plädierte und das Betreuungsgeld verteidigte. »Wer die Unterstützung für die ausschließliche Betreuung durch Vater oder Mutter mit dem Wort ›Herdprämie‹ verächtlich macht, bevormundet Millionen von Eltern. Die SPD hat sich klar gegen das Betreuungsgeld ausgesprochen. Ich frage Sie: Was sind Ihnen die Kinder wert? Ein Kind in einer Betreuungseinrichtung wird mit rund 800 Euro gefördert. Das gleiche Kind ist Ihnen keinen Euro wert, wenn es die Eltern alleine betreuen. Ist das familiengerecht? Nein!«

In einem nur kurzen Rekurs auf die Ausländerpolitik nahm der frühere Innenminister für sich in Anspruch, schon vor zehn Jahren mehr Deutschunterricht für Migrantenkinder verlangt zu haben, dafür aber der »rüden Germanisierung« verdächtigt worden zu sein. Heute sei diese Position Allgemeingut. Tatsächlich sorgte Beckstein schon in den Neunzigerjahren für konkrete Angebote des Freistaats, die die Integration fördern sollten. Insofern war seine Ausländerpolitik fortschrittlich. Wenn sein ernsthaftes Interesse an der Integration aber nicht immer richtig zur Kenntnis genommen wurde, lag dies zum einen an der Weigerung seiner politischen Gegner, in ihren multikulturellen Träumen offenkundige Fehlentwicklungen in der Gesellschaft zur Kenntnis zu nehmen. Es hing aber auch damit zusammen, dass Beckstein die eher repressiven Elemente seiner Politik gern herausstellte, um auch die konservativen Wähler zu erreichen. Alle Abgeordneten im Maximilianeum waren sich immer darüber im Klaren, dass er auch wegen seines Amtes und als Galionsfigur der CSU den »Schwarzen Sheriff« gab. Und wer ihn genauer kannte, verortete ihn mit seinen politischen Vorstellungen mitten in der CSU, die sehr viel pragmatischer ist als es auf den ersten Blick erscheint und sich stärker als CDU und SPD an den Positionen orientiert, die sie im Volk wahrnimmt. Die Titulierung Becksteins als rechten Scharfmacher stellte die Opposition denn auch exakt in dem Moment ein, als er das Amt des Innenministers aufgab.

Mehr Last als Lust

Edmund Stoiber hatte das Land einer gewaltigen Anstrengung ausgesetzt. Um innerhalb von vier Jahren wirtschaftliche Kennziffern zu erreichen, von denen manche Ministerpräsidenten nicht einmal träumen, hatte er den Bürgern und seiner Partei viel zugemutet. Darum lag es nahe, innezuhalten und neue Kraft zu schöpfen. Becksteins Regierungserklärung trug dieser Konstellation Rechnung. Sie war nachdenklich – und enthielt wenig Neues. Die Opposition reagierte entsprechend: »Ich habe schon viele Regierungserklärungen gehört, aber das war die schlechteste«, meinte Franz Maget. Der SPD-Fraktionsvorsitzende warf dem neuen Ministerpräsidenten Ängstlichkeit, Kleinmut und Hochmut vor. »Das ist kein Aufbruch, sondern Altbekanntes, kein Elan, sondern Zaudern und Zögern.« Man frage sich, warum Stoiber habe gehen müssen: »Doch nicht dafür! Man möchte rufen: Edmund, hilf!« Und die Fraktionschefin der Grünen, Margarete Bause, sekundierte: »Im Vergleich zu Ihrem Weltbild war Ihr Vorgänger Edmund Stoiber ja ein junger Wilder.« Dieser strahlte: »Ich freue mich über die außerordentliche Kontinuität zu meiner Politik, die in dieser Regierungserklärung deutlich geworden ist.«

Aber so einfach lagen die Dinge nicht. Tatsächlich musste Beckstein vor der Kommunalwahl am 2. März und der Landtagswahl am 28. September 2008 erst einmal die Späne aufsammeln, die Stoiber beim Hobeln hinterlassen hatte. So hatte er schon im Sommer 2007 den Plan gefasst, das Büchergeld, das so viel Ärger und so wenig Geld eingebracht hatte, wieder abzuschaffen. Eigentlich wollte er diese Maßnahme erst Mitte November in seiner Regierungserklärung ankündigen. Doch für einen solchen Überraschungscoup hätte es einer einsamen Entscheidung in Stoiberscher Manier bedurft. Das kam nicht in Frage. Außerdem war Beckstein noch gar nicht im Amt, und es handelte sich um eine organisatorisch-technische Frage mit den üblichen Fallstricken, die zu weithin sichtbaren Pannen führen konnten. So erschien es ihm geboten, sich mit Kultusminister Siegfried Schneider und den Experten der Fraktion abzustimmen.

Altlasten

Während diese in der dritten Septemberwoche im oberfränkischen Kloster Banz eine Klausurtagung abhielt, drang der Plan vorzeitig an die Öffentlichkeit. Vorgesehen war, das Büchergeld erst vom Schuljahr 2008/2009 an wegfallen zu lassen, doch das wollten die zahllosen Betroffenen nun auch nicht mehr hinnehmen. »Weg mit dem Büchergeld, aber sofort!« Das war die Devise, die sich innerhalb von wenigen Tagen im ganzen Freistaat verbreitete. Die Lehrer hatten kurz nach dem Ende der Ferien noch nicht mit dem Einsammeln begonnen, und die Eltern ahnten, dass sich hier Geld sparen ließ. Die sozialdemokratischen Kommunalpolitiker erinnerten die Stadträte der CSU daran, dass sie doch bei allen Resolutionen gegen diesen Unsinn einträchtig abgestimmt hätten, und die Landräte empfahlen ihren Schulleitern, das Büchergeld zunächst einmal nicht einsammeln zu lassen.

Mitte Oktober beschloss der Ministerrat, wie geplant, erst zum Schuljahr 2008/2009 auf die Beiträge der Eltern zu verzichten. Den Kommunen, die auf die sofortige Abschaffung bestanden, wurde freigestellt, die Kosten selbst zu übernehmen. Diese Entscheidung trug Becksteins Handschrift. Wollte er nicht 1995 den Kirchen bei der Aufnahme von Asylbewerbern großzügig mit Kontingenten entgegenkommen? Sie mussten nur selbst für den Unterhalt ihrer Zöglinge aufkommen. So beendet man Debatten. Immerhin gab Beckstein in einem Interview der *Frankfurter Allgemeinen Zeitung* zu, »dass es etwas holprig gegangen ist«. Ein solches Eingeständnis wäre seinem Vorgänger nicht so schnell über die Lippen gekommen.

Dass eine Ära zu Ende gegangen war, zeigte sich auch bei dem Gesetz zum Nichtraucherschutz. Die noch aus Stoibers Zeiten stammende Vorlage der Regierung sah Ausnahmen vom Rauchverbot für Gaststätten mit abgetrennten Nebenräumen und für Bierzelte vor. Auch Beckstein war dafür: »Sollen beim Oktoberfest etwa alle zum Rauchen rausgehen?« Doch dann nutzte die Fraktion unter ihrem eben erst gewählten Vorsitzenden Georg Schmid die neu gewonnene Freiheit und stellte den kompletten Gesetzentwurf in Frage. Am Ende votierte sie überraschend für einen Vorschlags Schmids: Alle Ausnahmen wurden vollständig gestrichen. Bayern sollte das strengste Nichtraucherschutzgesetz Deutschlands bekommen. Bei der Verabschiedung des Gesetzes im Plenum des Landtages stimmten sowohl SPD als auch Grüne zu. Selten wurde eine Frage, über die das Volk so emotional diskutiert hatte, im Parlament so einmütig beantwortet.

Die Opposition fokussierte ihre Kritik auf den Transrapid. Sie bereitete ein Volksbegehren vor, erklärte aber auch schon die Kommunalwahl zu einer Abstimmung »über dieses unsinnige Milliardenprojekt der CSU-Staatsregierung«. Die Proteste eines Aktionsbündnisses stießen vor allem im Großraum München auf Resonanz. Doch auch in Franken regte sich Unmut. Sah man hier nicht wieder einmal, dass die Regierung sich doch am liebsten nur um die Hauptstadt kümmere? Der Ministerpräsident verteidigte den Plan. Wenn der Transrapid zu den geschätzten Kosten von 1,85 Milliarden Euro eingeführt werde, erhalte der Freistaat ein Nahverkehrssystem für München, für das er nur 490 Millionen Euro Eigenmittel einsetzen müsse. Eine Express-S-Bahn zum Münchner Flughafen müsse hingegen aus Mitteln für den Nahverkehr finanziert werden, die dann bei anderen Vorhaben in Bayern fehlten, sagte er. Zugleich stellte Beckstein klar, dass er den Transrapid »nicht zu jedem Preis« wolle: »Mit mir wird es keinen Vertrag geben, in dem in der Überschrift ›Festpreis‹ steht und dann bei Klausel 10 eine Preissteigerung akzeptiert wird.«

Die CSU war darauf gefasst, dass die Debatte über den Transrapid sie bei den Kommunalwahlen am 2. März wenigstens im Münchner Raum viele Stimmen kosten würde. Es kam aber hinzu, dass die weltweite Kreditmarktkrise auch die Bayerische Landesbank sichtbar erfasste. Der neue Finanzminister Huber, stellvertretender Vorsitzender des Verwaltungsrats, musste sich vorhalten lassen, dem Landtag das Ausmaß der milliardenschweren Belastungen verschleiert zu haben. Er hatte dem Haushaltsausschuss im Maximilianeum Mitte Februar gesagt, es gebe keine »belastbare Zahl«. Doch der Vorstandschef der Bayern LB, Werner Schmidt, kündigte nach monatelangem Schweigen am selben Tag an, eben diese Daten umgehend zu veröffentlichen. Als er ein paar Tage später auch noch eingestand, dass die Bank mit doppelt so viel Geld wie behauptet in riskante Wertpapiergeschäfte verwickelt sei, musste er zurücktreten.

Weil die Bayerische Landesbank sich zur Hälfte im Besitz der Sparkassen befindet, fragten die Vertreter der kleinen Parteien in den Wochen vor den Kommunalwahlen in ganz Bayern, wie sehr denn das örtliche Institut in Mitleidenschaft gezogen werde. Selbst wenn es nur um einen Anteil von weniger als einem halben Prozent ging, wurde den Wählern suggeriert, dass auch der kleine Sparer in der Provinz nicht ungeschoren davonkomme, wenn in München Milliarden in den Sand gesetzt würden. Dabei waren die Geschäfte der Bayern LB wohl nicht besser, aber auch nicht schlechter als die der meisten anderen deutschen Landesbanken. Nachhaltig beschädigt wurde Erwin Huber trotzdem – und zwar in seinem ureigenen Metier. Der Steuerinspektor, studierte Volkswirt und Finanzminister hatte die Geldströme aus allen nur irgend denkbaren Perspektiven fließen sehen. Er hatte das Finanzministerium beansprucht, nachdem er es schon in der Zeit zwischen 1995 und 1998 geleitet hatte. Auch im Wirtschaftsministerium und in der Staatskanzlei hatte er so viele heikle politische Entscheidungsprozesse gesteuert, dass man nun in diesem Fall ein souveränes Krisenmanagement von ihm erwarten durfte. Aber wie schon bei der Verwaltungsreform, so haperte es auch in diesem Fall an der Kommunikation. Sollte hier nicht die große Stärke eines Parteivorsitzenden liegen?

Klimawandel

Bei den Kommunalwahlen verlor die CSU 5,5 Punkte und bekam 40 Prozent – so wenig wie zuletzt bei den Wahlen im Jahr 1966. Allerdings hatte damals die Wahlbeteiligung bei 77,5 Prozent gelegen. Jetzt hatten sich nur 59,5 Prozent auf den Weg an die Urnen gemacht und auf diese Weise den kleinen Parteien zu beachtlichen Erfolgen verholfen. Die Freien Wähler verbesserten sich um 3,4 Punkte auf 19 Prozent, die Grünen gewannen 2,5 Punkte hinzu und landeten bei 8,2 Prozent. Die FDP erzielte ihr bestes Ergebnis seit mehr als einem halben Jahrhundert: 3,8 Prozent. Dass die SPD mit 22,5 Prozent einen historischen Tiefpunkt erreichte, drang kaum über die Grenzen des Freistaates hinaus. Die Verluste der CSU waren interessanter.

Es lag zwar auf der Hand, dass der Partei die Diskussionen über den Transrapid und die Bayern LB massiv geschadet hatten, aber von dem Projekt der Magnetschwebebahn wollte niemand abrücken, und an den fatalen Auswirkungen der weltweiten Finanzkrise ließ sich nun einmal nichts mehr ändern. Dennoch setzte sich die Auffassung durch, dass etwas geschehen müsse: Erwin Huber stellte das Rauchverbot zur Diskussion. Dabei kam es als entscheidende Ursache der Wahlschlappe kaum in Frage, weil es von allen dem Landtag angehörenden Parteien gemeinsam verabschiedet worden war und sich im Wahlkampf keine nennenswerte politische Kraft dagegen ausgesprochen hatte. Eine heftige und völlig unkontrollierte öffentliche Debatte in Staatsregierung und Opposition mündete schließlich nach ein paar Tagen in den opportunistischen Be-

174

schluss, Bier- und Weinzelte im Jahr 2008 noch einmal vom Rauchverbot auszunehmen. Schließlich sollte eine Woche vor der Landtagswahl das Oktoberfest beginnen. Als offizielle Begründung musste ein Schreiben herhalten, in dem das Kreisverwaltungsreferat München erklärte, das Rauchverbot werde auf der Wies'n große Sicherheitsprobleme auslösen. So geriet die Gesetzgebung zum Nichtraucherschutz zu einer Peinlichkeit.

Die größte Panne unterlief dem Regierungschef selbst. Als Abgeordnete der Fraktion ihm in einer hitzigen Diskussion den unglücklichen Entscheidungsprozess vorhielten, ließ er sich zu der Aussage hinreißen, man könne nicht mangelnde Führung beklagen und diese anschließend »wie ein Sauhaufen« kritisieren. So weit war nicht einmal Stoiber gegangen. Alois Glück musste die Gemüter beruhigen. »Gerade beim Rauchverbot haben wir uns ziemlich blöd angestellt«, räumte Beckstein später ein. Diese Äußerung wäre ein paar Wochen zuvor noch als Ausweis seiner Fähigkeit zur Selbstkritik gelobt worden. Jetzt fragte mancher Beobachter, ob dies nicht doch zu viel der zur Schau gestellten Nachdenklichkeit sei.

Auch Becksteins Reaktion auf das Ende des Transrapid-Projekts wurde ihm von vielen Beobachtern als Schwäche ausgelegt. In Wirklichkeit musste er sich große Mühe geben, nicht allzu fröhlich zu wirken, als die Industrie den anvisierten Kostenrahmen von 1,85 Milliarden Euro mit einem Volumen von 3,4 Milliarden Euro so deutlich sprengte, dass jede weitere Diskussion sich erübrigte. Das war wie ein Geschenk des Himmels. Weil Stoiber und Huber sich so sehr mit dem Projekt identifizierten, wird Beckstein es nie und nimmer zugeben: Natürlich freute er sich darüber, dass der Opposition, insbesondere den Grünen, mit dem Ende der Planungen für die Magnetschwebebahn ein Wahlkampfthema allererster Güte abhanden kam. Damit löste sich Ende März plötzlich ein Problem in Wohlgefallen auf, das Beckstein auf den ersten Metern der Strecke zum 28. September wie ein Mühlstein am Hals gehangen hatte.

Nicht einmal zwei Wochen später beschloss der Ministerrat eine Reform des achtjährigen Gymnasiums. Vom Schuljahr 2008/2009 an sollten die Zahl der Pflichtstunden reduziert, der Lehrstoff gestrafft und der Nachmittagsunterricht begrenzt werden. Damit kam die Regierung den Eltern und Lehrern entgegen, die seit der überstürzten Einführung des »Turbo-Abiturs« über eine zu hohe Belastung der Kinder klagten. Außerdem wurden allein für die Gymnasien 938 zusätzliche Stellen eingeplant. So beseitigte Beckstein im ersten halben Jahr seiner Amtszeit die unübersehbaren Altlasten der Ära Stoiber. Allerdings hat es dabei zwischen Regierung, Fraktion, Landesgruppe und Partei ein paar Mal so vernehmlich geknirscht, dass das positive Zwischenergebnis in der Öffentlichkeit kaum noch zur Geltung kam. Beckstein hatte sich bei den Aufräumarbeiten die Hände schmutzig gemacht.

Wie viele andere vor ihm erlebt er nun, dass die mit der Übernahme eines neuen Amtes verbundene öffentliche Euphorie nach und nach von einer besonders kritischen Stimmung abgelöst wird, bevor sich das Meinungsklima normalisiert. Früher wurden gelegentliche unüberlegte Statements und seine einfache Rhetorik als Belege einer hohen Authentizität geradezu gepriesen, jetzt ist plötzlich von verbalen Unfällen und Ausrastern die Rede. Früher bekam Beckstein großen Respekt für die öffentliche Erklärung, seit seinem Hörsturz am 27. Dezember 2004 ein nicht zu übersehendes Hörgerät zu tragen, um Menschen mit Handicaps Mut zu machen. Jetzt wird hinter vorgehaltener Hand gefragt, warum er sich nicht mit einem der kleinen Knöpfe ausstatten lasse, die doch viel eleganter, weil so gut wie unsichtbar seien. Früher lasen die CSU-Anhänger mit Vergnügen, dass Beckstein seine Anzüge seit vielen Jahren im Fabrikverkauf in Hersbruck erwerbe. Jetzt muss er sich in der Fraktionssitzung – nicht in einem Modemagazin – empfehlen lassen, er möge doch bitteschön mehr auf sein äußeres Erscheinungsbild achten. Der Ministerpräsident des Freistaates Bayern wird mit anderen Augen betrachtet als der Innenminister. Im Übrigen gereicht es dem Franken zum Nachteil, dass Edmund Stoibers Ansehen seit dessen Rückzug von seinen Ämtern wieder steil angestiegen ist. Denn er bezog einen Teil seiner Popularität aus dem Vergleich mit seinem in der Kritik stehenden Vorgänger. Dieser hält sich in der Öffentlichkeit mit Kritik an Beckstein zurück. Nur im kleinen Kreis hat er zu vorgerückter Stunde gelegentlich laut über die Frage nachgedacht, wann sein Nachfolger sich denn endlich einmal einen ordentlichen Anzug zulegen werde.

Hubers Handicap

Schließlich das »Tandem«: Dass der Ministerpräsident sich dem Parteivorsitzenden überlegen fühlt, hat er unwiderruflich deutlich gemacht, als er im Herbst 2005 ankündigte, er werde sich »einem Erwin Huber« nicht unterordnen. Doch der Sturz Stoibers hat dessen Erben jedenfalls so weit miteinander versöhnt, dass sie professionell kooperieren. Daran ändern auch Nuancen in einzelnen Äußerungen nichts. Als etwa Huber die Kommunalwahlen als Sieg interpretierte, Beckstein aber erklärte, dass man Wahlen nicht im Schlafwagen gewinne, ging es um eine reine Stilfrage: Der eine folgte der inzwischen etwas aus der Mode gekommenen Masche, nach der Politiker sich zum Wahlsieger erklären, solange sich noch irgendeine Zahl findet, die sich als vordergründiger Beleg eignet. Der andere hatte schlichtweg seine Enttäuschung zum Ausdruck gebracht. Auch Becksteins Interview zu der Krise bei der Bayern LB eignet sich nicht, um ein ernstes Zerwürfnis zu belegen. Der *Nordbayerische Kurier* fragte Beckstein, ob er es für möglich halte, dass die Belastungen bei vier Milliarden Euro lägen. Darauf antwortete er wahrheitsgemäß mit Ja. Hätte er mit Nein antworten sollen?
Auch gegen das Modell der Doppelspitze ist prinzipiell nichts

zu sagen – im Gegenteil. Sie hat sich über viele Jahre hinweg bestens bewährt. Allerdings hatte der Parteivorsitzende in der Vergangenheit immer ein Amt in der Bundeshauptstadt. Als Alfons Goppel Bayern regierte, war Franz Josef Strauß in verschiedenen einflussreichen Ämtern in Bonn unterwegs. Während Stoiber in der Münchner Staatskanzlei das Sagen hatte, stand Theo Waigel viele Jahre als Bundesfinanzminister an der Seite Helmut Kohls. Obwohl Waigel und Stoiber, wie jeder wusste, Gegner waren, erlebte die CSU eine große Zeit. Auch gegenwärtig ist deshalb nicht die Atmosphäre zwischen Beckstein und Huber entscheidend, sondern die Konstellation, in der sie arbeiten müssen. Hier tut sich für Huber ein Problem auf. Es gelingt ihm nicht, die CSU von München aus als bundespolitische Kraft ins Spiel zu bringen. Stoiber saß zwar auch in der Staatskanzlei am Hofgarten, aber er konnte in Berlin mit einer ganz anderen Machtfülle, nämlich als Parteivorsitzender und Ministerpräsident auftrumpfen. Bei einer Doppelspitze muss der Parteivorsitzende die ihm fehlende Autorität des Regierungschefs durch ein wichtiges Amt in der Bundeshauptstadt und seine ständige Präsenz wettmachen. Hubers Manko trat besonders deutlich zutage, als er Mitte März die Rückkehr zur alten Pendlerpauschale forderte. Die Kanzlerin ließ ihren stellvertretenden Regierungssprecher ausrichten, dass es »keinen Handlungsbedarf« gebe. Erst nachdem die Bundesminister Glos und Seehofer sowie der Chef der Landesgruppe, Ramsauer, ihren Parteivorsitzenden Anfang Mai in einem zweiten Anlauf massiv unterstützten, wurde die CSU mit ihrer Position ernst genommen.

Seehofer hat im Rennen um den Parteivorsitz auf Hubers Handicap von Anfang an hingewiesen. Und dieser räumte es indirekt ein, indem er bei seiner Bewerbung ankündigte, nach der Bundestagswahl im Herbst 2009 nach Berlin zu wechseln. Die Mehrheit der Partei hat es sehenden Auges in Kauf genommen, über einen Zeitraum von etwa zwei Jahren hinweg suboptimal aufgestellt zu sein. Dass sie die Übereinkunft zwischen Beckstein und Huber absegnete, erscheint im Hinblick auf den Parteivorsitzenden als fahrlässig. Diese Entscheidung könnte die CSU revidieren, wenn sie bei der Landtagswahl im September 2008 ihr klassisches Wahlziel »50 Prozent plus x« nicht erreichen sollte.

Der Hefdlasmacher

Bevor Beckstein Ministerpräsident wurde, hatte er seine Popularität allein aus seinem Amt als Ressortminister bezogen. Während etwa der Hesse Roland Koch oder der Niedersachse Christian Wulff in ihren Ländern relativ früh als Parteivorsitzende über eine breite Plattform verfügten, auf der sie den Ton angaben, musste der Franke die Dinge immer nehmen, wie sie kamen. Seine erste Kandidatur für den Landtag war von vornherein aussichtslos, die erste Bewerbung um das Amt des Bezirksvorsitzenden ebenfalls. Als der junge Landtagsabgeordnete sich im Maximilianeum so weit profiliert hatte, dass er für das Kabinett in Frage kam, ließ Strauß ihn gleichsam am langen Arm verhungern. Gewiss: 1988 holte ihn Stoiber ins Innenministerium und gab ihm dort die Chance, sich zu entfalten. Doch als der Ministerpräsident sich in den Jahren 2002 und 2005 in Richtung Berlin orientierte, geriet Beckstein wieder in die unangenehme Lage, dass seine eigene Zukunft von dem Glück und dem Geschick anderer abhing. »Nachdem ich erfahren habe, dass ich es will, will ich es auch und freue mich darüber«, sagte er, nachdem Stoiber ihn vor den Bundestagswahlen 2002 als Begleiter für seine Berliner Mission ausgewählt hatte. Die ironische Wendung enthielt einen wahren Kern. Immer wieder musste er mit großer Anpassungsbereitschaft Aufgaben übernehmen, die andere ihm zugedacht hatten. Dabei stellte er nicht nur großes Geschick und eine schier unerschöpfliche Energie unter Beweis. Das Selbstbewusstsein, mit dem er seine Ämter ausfüllte, überraschte jeden, der die Bescheidenheit, mit der er gewöhnlich auftrat, falsch gedeutet hatte.

»Hefdlasmacher« nennt der Nürnberger Volksmund bis heute die Handwerker, die in der Blütezeit der Stadt zu Anfang des 16. Jahrhunderts unentbehrlich waren. In anstrengender Kleinarbeit stellten sie mit enormer Präzision und großer Geschwindigkeit Nadeln, Häkchen, Ösen und Spangen her. Ihre Produkte dienten dazu, Gewänder zu schließen und all die Dinge aneinanderzu*heften,* die nur als Teil des Ganzen eine Funktion hatten. Der Hefdlasmacher erntete selten großes Lob, weil zum Beispiel die Kleider, die mit seinen Spangen bestückt waren, in erster Linie durch den Stoff und ihren Schnitt Eindruck machten. Aber er genoss doch ein hohes Ansehen, denn jeder Schneider freute sich, wenn gerade bei der Fertigung aufwendiger Stücke ein geschickter und zuverlässiger Hefdlasmacher zur Stelle war.

Beckstein hat dieses Handwerk als Politiker perfektioniert und mit nüchterner, manchmal kleinteiliger Sacharbeit dafür gesorgt, dass die großen Entwürfe nicht an der praktischen Ausführung scheiterten. Eines von unzähligen Beispielen dafür ist die heikle Polizeireform: Stoiber verlangte für weniger Geld mehr Polizisten auf der Straße. Die Gewerkschaft schrie auf. Die Fraktion war skeptisch, weil viele Abgeordnete um die Inspektion in ihrem Stimmkreis fürchteten. Und Beckstein selbst hielt das ganze Projekt eigentlich für unnötig. Trotzdem führte er die unterschiedlichen Interessen mit so viel Umsicht und Sensibilität zusammen, dass ihm für sein Geschick am Ende sogar die Opposition Respekt zollte.

In diesem Sinne sah der neue Ministerpräsident sich nach seinem Amtsantritt im Herbst 2007 zunächst vor die undankbare Aufgabe gestellt, Stoibers Reformwerk an den Punkten zu korrigieren, an denen sein Vorgänger übers Ziel hinausgeschossen war. Diese mühsame Arbeit hat er inzwischen erledigt und damit die Voraussetzungen für seine Wiederwahl geschaffen. Erst danach kann Beckstein einen eigenen Anfang machen und beweisen, dass der Hefdlasmacher auch über das kreative Potenzial des Schneiders verfügt.

Lebenslauf

Geboren am 23. November 1943 in Hersbruck bei Nürnberg

1949 bis 1953 Volksschule in Hersbruck

1962 Abitur am Willstätter-Gymnasium in Nürnberg

1966 Erste Juristische Staatsprüfung

1970 Zweite Juristische Staatsprüfung

1971 bis 1988 selbstständiger Rechtsanwalt

1973 Heirat mit Marga Weber; 3 Kinder: Ruth, geboren 1976, Frank (1978) und Martin (1980)

1973 bis 1978 Bezirksvorsitzender der Jungen Union Nürberg-Fürth

Seit 1974 Mitglied des bayerischen Landtages

1975 Promotion zum Dr. jur. an der Universität Erlangen

1978 bis 1988 Vorsitzender des Sicherheitsausschusses im Landtag

1980 bis 1992 Vorsitzender des CSU-Arbeitskreises Polizei

1988 stellvertretender Vorsitzender der CSU-Fraktion

1988 bis 1993 Staatssekretär im bayerischen Innenministerium

Seit 1991 Vorsitzender des CSU-Bezirksverbandes Nürnberg-Fürth-Schwabach

1993 bis 2007 Staatsminister im Innenministerium

Seit 1996 berufenes Mitglied der evangelischen Landessynode

2001 bis 2007 Stellvertreter des Ministerpräsidenten

Seit 9. Oktober 2007 bayerischer Ministerpräsident

Interviewpartner

Neben den persönlichen Begegnungen mit Günther Beckstein haben Interviews mit folgenden Zeitzeugen wesentlich zur Entstehung dieses Buches beigetragen:

Dr. Hellmut Beckstein, Bruder

Dr. Johannes Friedrich, Landesbischof der Evangelisch-Lutherischen Kirche in Bayern

Norbert Geis, CSU-Bundestagsabgeordneter und früherer Landtagsabgeordneter

Dr. Heinz Kaiser, SPD-Landtagsabgeordneter

Dr. Dietrich Kappler, Schulfreund

Henning Kaul, CSU-Landtagsabgeordneter

Hermann Leeb, früherer CSU-Landtagsabgeordneter und Staatsminister der Justiz

Prof. Dr. Ursula Männle, CSU-Landtagsabgeordnete, frühere Staatsministerin für Bundesangelegenheiten und Bundestagsabgeordnete

Franz Maget, Vorsitzender der SPD-Fraktion im Landtag

Dr. Sieghard Rost, Lehrer, früherer CSU-Landtagsabgeordneter

Christine Scheel, Bundestagsabgeordnete der Grünen, Synodale der Evangelischen Kirche in Bayern und frühere Fraktionsvorsitzende der Grünen im Maximilianeum

Harald Schneider, Landesvorsitzender der Gewerkschaft der Polizei und Vorsitzender der SPD im Main-Spessart-Kreis

Archive: Frankfurter Allgemeine Zeitung, Hanns-Seidel-Stiftung, Nürnberger Nachrichten, Süddeutsche Zeitung (1994–2006)

Empfehlenswerte Bücher aus dem Johannis-Verlag

Peter Hahne
Schluss mit lustig –
Das Ende der Spaßgesellschaft
144 Seiten, gebunden, € 9,95
Bestell-Nr. 05180

Peter Hahne, Journalist und Hauptstadtkorrespondent des ZDF, liefert eine packende Zeitanalyse und fordert die Rückkehr zu stabilen Werten zur Erneuerung unserer labilen Gesellschaft.

Erwin Teufel
Maß & Mitte –
Mut zu einfachen Wahrheiten
160 Seiten, gebunden, € 9,95
Bestell-Nr. 05181

Der bis 2005 amtierende Ministerpräsident von Baden-Württemberg, Mitglied im Deutschen Ethikrat, plädiert für eine bürgernahe Politik, die den Menschen Freiraum lässt für eigene Gestaltung und für die Verwirklichung persönlicher Lebensziele.

Markus Spieker
Mehrwert –
Glauben in heftigen Zeiten
160 Seiten, gebunden, € 9,95
Bestell-Nr. 05182

Dr. Markus Spieker, Fernsehjournalist im ARD-Tagesschau-Team, entlarvt in diesem tiefschürfenden und bissigen Buch die faulen Kompromisse der Christenheit und empfiehlt, die Bibel als Wegweiser wieder zur Geltung zu bringen.

Wolfgang Huber
Position beziehen –
Das Ende der Beliebigkeit
144 Seiten, gebunden, € 9,95
Bestell-Nr. 05183
Der Ratsvorsitzende der Evangelische Kirche in
Deutschland, Bischof Dr. Huber, nennt Miss-
stände unserer Gesellschaft beim Namen und
gibt Impulse, die gute, neue Wege aufzeigen.

Norbert Lammert
Flagge zeigen –
Vielfalt braucht Orientierung
144 Seiten, gebunden, € 9,95
Bestell-Nr. 05184
In prägnanter Form äußert sich Bundestagsprä-
sident Dr. Lammert zum Thema Staat und Gesellschaft. Die These »Gesellschaft kann nur ge-
lingen, wenn alle sich einbringen«, zieht sich wie
ein roter Faden durch das Buch.

Peter Stützle
Generation Abgrund –
Stirbt Europa aus?
160 Seiten, gebunden, € 9,95
Bestell-Nr. 05186
Europa steht wie kaum ein anderer Erdteil für
Demokratie, Freiheit und soziale Sicherheit.
Fundament ist das auf christlicher Grundlage ge-
wachsene Konzept der Menschenwürde. Peter
Stützle, Hörfunkchef im Hauptstadtstudio der
Deutschen Welle, zeigt konkret, praktisch und unkonventionell, wo
wir anpacken könnten.